श्रुति कुशवाहा

श्रुति कुशवाहा का जन्म 13 फरवरी, 1978 को भोपाल, मध्य प्रदेश में हुआ। पत्रकारिता में स्नातकोत्तर (माखनलाल चतुर्वेदी राष्ट्रीय पत्रकारिता विश्वविद्यालय भोपाल, वर्ष 2001)।

वर्ष 2016 में पहला कविता संग्रह 'कशमकश' मध्य प्रदेश साहित्य अकादमी के सहयोग से प्रकाशित हुआ। संग्रह को मध्य प्रदेश हिन्दी साहित्य सम्मेलन द्वारा वर्ष 2016 का 'वागीश्वरी पुरस्कार' प्रदान किया गया। वर्ष 2007 में कादंबिनी युवा कहानी प्रतियोगिता में कहानी पुरस्कृत, पत्रकारिता हेतु वर्ष 2022 में 'अचला सम्मान' से सम्मानित। हिन्दी की प्रतिष्ठित पत्र-पत्रिकाओं में कविताएँ प्रकाशित।

हैदराबाद, दिल्ली, मुम्बई, भोपाल में विभिन्न न्यूज़ चैनलों में काम करने के बाद अब गृहनगर भोपाल में डिजिटल मीडिया में कार्यरत हैं।

ई-मेल : shrutyindia@gmail.com

सुख को भी दुख होता है

श्रुति कुशवाहा

राजकमल पेपरबैक्स

राजकमल पेपरबैक्स में
पहला संस्करण : 2025

राजकमल पेपरबैक्स : उत्कृष्ट साहित्य के जनसुलभ संस्करण

राजकमल प्रकाशन प्रा. लि.
1-बी, नेताजी सुभाष मार्ग, दरियागंज
नई दिल्ली-110 002
द्वारा प्रकाशित

शाखाएँ : अशोक राजपथ, साइंस कॉलेज के सामने, पटना-800 006
पहली मंज़िल, दरबारी बिल्डिंग, महात्मा गांधी मार्ग, प्रयागराज-211 001
1, अनमोल सोराबजी सन्तुक लेन, धोबी तलाव, मरीन लाइंस, मुम्बई-400 002
वेबसाइट : www.rajkamalprakashan.com
ई-मेल : info@rajkamalprakashan.com

विकास कंप्यूटर एंड प्रिंटर्स
ट्रॉनिका सिटी-201 102
द्वारा मुद्रित

मूल्य : ₹250

SUKH KO BHI DUKH HOTA HAI
Poems by Shruti Kushwaha

ISBN : 978-93-6086-807-9

पापा के लिए
जिनसे लिखना सीखा
सीखना सीखा

सीखा कि कविता शब्दविलास नहीं, जीवन में उतारने वाली बात है। सब सदैव सुन्दर नहीं हो सकता, लेकिन कोशिश नहीं छोड़ना है। हार जाना और हार मानना दो अलग बातें हैं। और, जीतना हमेशा ज़रूरी नहीं।

मेरे पिता...जो मेरे सबसे अच्छे दोस्त भी हैं। जिनके कारण मेरे भीतर की आग और नमी हमेशा बरक़रार रही। जिनकी विनम्रता देख मैं आज भी चकित रह जाती हूँ। जिन्होंने मुझे और मेरी कविता... दोनों को पंख दिये।

क्रम

अपनी ही आग में जलने का श्राप

अपने पहले संग्रह 'कशमकश' के बरसों बाद प्रकाशित हो रहे इस दूसरे संग्रह में श्रुति कुशवाहा जैसे पुरानी कशमकश को पीछे छोड़ चुकी हैं। वे ऐसी परिपक्व कवयित्री की तरह सामने आती हैं जिनके यहाँ सबकुछ स्पष्ट, साफ़ और पारदर्शी है—यहाँ तक कि दुविधा भी।

यह शफ़्फ़ाफ़निगाही कहाँ से आती है? शायद 'अपनी ही आग में जलने के श्राप से।' यह अनायास नहीं है कि श्रुति ने इसी श्राप को संग्रह में ऊपर जगह दी है। दरअसल यह आग श्रुति की कविताओं की आत्मा है—उसे कोई बुझा नहीं सकता, वह सुलगती रहती है। यह प्रेम की आग है, विद्रोह की आग है, विचार की आग है, अकेले रहने से पैदा हुई आग भी है।

इस आग के साथ चलती कवयित्री को मालूम है कि कुछ न कुछ छूट जाता है हमेशा। यह उसके स्वभाव में है—प्याली में थोड़ी चाय छूट जाती है, घूँट-भर तहज़ीब छूट जाती है, कहीं चश्मा छूट जाता है, कहीं मन छूट जाता है, कहीं घर छूट जाता है, कहीं समझदारी छूट जाती है, कहीं उम्र के निशान छूट जाते हैं। और छूटने-छोड़ने के इस खेल में कवयित्री इन पंक्तियों तक पहुँचती है—

ठीक-ठीक मनुष्य होने में बहुत कसर छूट जाती है
उसी वक़्त छूटती है ख़ुद से नज़रें मिलाने की ताक़त
छूटना अगर कोई नियम है तो
मैं चाहती हूँ मुझसे ये नियम छूट जाए।

इस आख़िरी पंक्ति तक आते-आते कविता अपने आशय में बिल्कुल मर्मभेदी हो उठती है। 'मनुष्य होने में कसर छूटने' की यह पहचान और उससे मुक्त होने की ज़रूरत की समझ इतने साफ़ ढंग से कब मिलती है?

इन कविताओं के कथ्य और शिल्प दोनों में इतनी विविधता है कि इन्हें किसी

एक शैली या एक स्थापत्य में देखना सम्भव ही नहीं है। यह भी समझ में आता है कि कवयित्री जिस विपुल संसार को अपनी कविताओं में समेटती है, उसे सही विन्यास देने के लिए वह अलग-अलग स्थापत्य का इस्तेमाल करती है। कई बार जीवन के आमफ़हम प्रसंगों में नए मा'नी खोजने की कोशिश के बीच ये कविताएँ बनती हैं। मगर यह मा'नी खोजने की ज़रूरत क्यों महसूस होती है? क्योंकि जीवन में कुछ है जिसका अर्थ समझ में नहीं आता, जो अतार्किक तौर पर विडम्बनाओं से युक्त है, उसे जीना हो तो उसमें नए अर्थ खोजने होंगे, जीवन की नई कविता लिखनी होगी। इसके लिए मुक्तिबोध से लेकर केदारनाथ सिंह तक भी जाना पड़े, घरेलू सहयोगी सरोज के साथ संवाद को उद्धृत करना पड़े और नरीमन प्वाइंट पर बैठे लोगों का उल्लेख भी ज़रूरी लगे तो कोई हर्ज की बात नहीं।

तो शिल्प या विचार की एकरैखिकता श्रुति का काव्य-स्वभाव नहीं। वह कविता की ज़रूरत के हिसाब से बनता-निकलता है। कवयित्री इस बात को पहचान पाती हैं कि किस कविता को किस तरह ढाला जाए। दुख और संवेदना की कुछ कविताएँ एक ठहरे हुए आलाप की तरह आती हैं तो समकालीन सन्दर्भों की कुछ अन्य कविताएँ लगभग गीतनुमा शैली में। कहीं-कहीं व्यंग्य को छूती विडम्बना भी चली आती है जिसे कविता अपनी गीतात्मकता से कुछ अलग कर देती है। कहीं यह बहुत मासूम वाणी है तो कहीं बहुत सयानी अभिव्यक्ति।

विषय नहीं, शिल्प या रचना-प्रक्रिया को लेकर भी उनमें पर्याप्त विविधता है। कुछ कविताएँ तीव्र संवेदना के बीच बनती दिखती हैं तो कुछ स्थिर विचारशीलता के बीच, कुछ कविताओं में गहरी उदासी मिलती है तो कुछ में बहुत उत्कट प्रेम, कुछ कविताएँ बहुत समकालीन, लगभग दैनन्दिन सन्दर्भों को समेटती दिखती हैं तो कुछ शाश्वत माने जाने वाले विषयों को।

लेकिन इतनी सारी विविधता और इतने सारे राग-रंग के बीच भी कुछ बातें अलक्षित नहीं रह जातीं—श्रुति कविता का जो घर या संसार बना-बसा रही हैं, वह दुख के गारे से भी बना है और जीवट की गिट्टी से भी।

दुख की अभिव्यक्ति हिन्दी कविता, ख़ासकर स्त्री-कविता में, नई नहीं है। कवयित्री के हिस्से भी दुख हैं, लेकिन वह इन दुखों से अपनी तरह से निबटती है। अमूमन दुखों का बखान नहीं है, बयान भी नहीं है, बस एक टीसती हुई सच्चाई की दीवार के भीतर से झाँकते हुए दुख हैं जिन्हें पहचानने के लिए जतन करना पड़ता है। दूसरी बात यह है कि यह दुख कविता में जितना बड़ा है, जितनी देर तक टिकता है, उससे बड़ा उसके पार जाने का साहस दिखता है, उस साहस के साथ जीवन को जीने का जज़्बा दिखता है। फिर ये दुख निजी नहीं हैं, इनमें सार्वजनिक

जीवन की विडम्बनाओं की पीड़ा भी शामिल है जो स्वाभाविक रूप से विक्षोभ में ढलती है। लेकिन इस विक्षोभ को कविता में लाते हुए श्रुति अचानक व्यंग्य का पुट अख़्तियार करने की जो युक्ति आज़माती हैं, वह एक तरह का 'ब्लैक ह्यूमर' पैदा करता है और अजब-सी टीस देता है।

वह लैंगिक विभेदों को पहचानती हैं, प्रेम के नाम पर इस समय बढ़ रहे छल पर अचूक ढंग से उँगली रखती हैं, पुरुष के भीरु पाखंड का मज़ाक़ बनाती हैं लेकिन पुरुष की संवेदनशीलता को समझती भी हैं। यह इसलिए सम्भव होता है कि कविता में जैसे वह अपने से दूर खड़ी होकर, किसी कौतुक की तरह अपने दुख को पहचानती हैं—इससे उस दुख में निहित विडम्बना बहुत मार्मिक ढंग से सामने आती है। बहरहाल, दुख का एक धागा इन कविताओं को बाँधे रखता है, कहीं-कहीं सार्वजनिक को निजी बनाता हुआ और कहीं-कहीं निजी को सार्वजनिक करता हुआ।

यह संग्रह इस बात की भी स्पष्ट पहचान कराता है कि यह एक आधुनिक, प्रगतिशील और स्वतंत्रचेत्ता स्त्री की कविताएँ हैं जो सिर्फ़ अपने निजी सन्दर्भों को नहीं, बल्कि सामाजिक-सार्वजनिक विमर्शों को भी विचार और रचना के दायरे में ला रही है। इस काम में भी विचार और अभिव्यक्ति की परिपक्वता दिखाई पड़ती है, एक समृद्ध भाषा-सम्पदा के इस्तेमाल का कौशल भी।

बल्कि यह कहने की इच्छा होती है कि एक स्तर पर ये मूलत: एक राजनीतिक स्त्री की कविताएँ हैं—अपने देशकाल में घट रहे विपर्यय को पहचानने और उसमें छुपे पाखंड को लिखने वाली स्त्री की कविताएँ। संग्रह की बहुत सारी कविताएँ ऐसी हैं जो बिल्कुल तात्कालिक राजनीतिक प्रसंगों पर हैं। इन कविताओं का शिल्प भी कुछ अलग-सा है। जैसे कवयित्री कुछ खिलवाड़ भी कर रही हो—अपनी कविता से नहीं, उन स्थितियों से जिनके बीच ऐसी कविता लिखनी पड़ रही है। मिसाल के तौर पर एक कविता नोटबन्दी पर है—और इसकी शैली नितान्त भिन्न है—कुछ चुभती हुई सी और कुछ चुभलाती हुई सी—

मैं तितलियों का मुरीद था
मेरा रंगों-बू से क़रार था
मेरे हौसले थे हवाओं में
मुझे मछलियों से भी प्यार था
ये हाल ही की तो बात है
कि तभी निज़ाम बदल गया
...न तो जाम से कोई ख़ौफ़ था

न चाय में कोई खोट था
मेरी जेब में वो हसीन-सा
उ.फ़्फ़ इक हज़ार का नोट था
ये हाल ही की तो बात है
कि तभी निज़ाम बदल गया।

यह सुई चुभोने वाली शैली है—बिना कहे वह सब कह देने की, जिसे कहना और सुनना दूसरों को मुश्किल लग रहा है। लेकिन इस शैली से अलग श्रुति ज़रूरत पड़ने पर जैसे चाबुक भी उठा लेती हैं और उसे परम्परा हो या परम्परा का पाखंड—उसकी पीठ पर बरसाने से हिचकतीं नहीं।

उनके यहाँ सत्तासीन लोग राजाओं या तानाशाहों की संज्ञा में आते हैं। वे भाषा के नाम पर होनेवाले छल को, जीवन, कविता और राजनीति में भाषा के बदले जा रहे अर्थों को पहचानती हैं—

कुछ लोगों के पास मख़मल की भाषा थी
उन्होंने थोड़ी खादी मिलाकर इसे राजनीति की भाषा बना दिया
खद्दर की भाषा में बात करते-करते
कुछ लोग कुर्सी की भाषा तक जा पहुँचे
कुछ फिर भी निरे सूत-से कच्चे थे
उनकी भाषा कच्ची भले हो, सच्ची थी
वहीं कुछ बहुत कोशिशों पर भी नायलॉन ही बने रहे
रेशमी भाषा वाली ज़हीन ध्वनियाँ मद्धम होती गईं
जालीदार भाषा वाले अचानक बढ़ गए
ये जल्द आते और बहुत जल्द छन जाते
कुछ ऊनी भी थे जो बीच-बीच में भर जाते ऊष्मा
कुछ भाषाएँ हमेशा टाट की तरह रहीं
उबाऊ लेकिन भरोसेमन्द।

(हालाँकि टाट को उबाऊ क्यों लिखा जाना था? बहरहाल)

इसी तरह विकास के बदले हुए अर्थ भी उनकी कविता में पूरी स्पष्टता और सख़्ती के साथ मिलते हैं। 'विकास' शीर्षक कविता में वे लिखती हैं—

रंग सारे ही जा चुके थे कैनवास छोड़कर
आवाज़ें छोड़ चुकी थीं सच का साथ

सच नंगा था और शर्मिंदा भी
झूठ राष्ट्रगीत बन चुका था।

यह न समझें कि पाखंड या भ्रष्टाचार या राजनीतिक छल-छद्म के विरुद्ध यह महज़ एक मध्यवर्गीय ग़ुस्सा है जो कविता-पंक्तियों में निकल रहा है। ध्यान से देखें तो श्रुति के यहाँ एक पूरी वैचारिकी मिलती है। यह वैचारिकी बहुसंख्यकवाद के वर्चस्व के विरुद्ध है, अल्पसंख्यकों पर हो रहे हमलों को पहचानती है (संग्रह में पहलू ख़ान भी आता है), पूँजी और बाज़ार द्वारा बदले जा रहे समाज की शिनाख़्त करती है और स्त्री-शोषण की अनेकानेक परतों को सामने लाती है। इन सबके प्रमाणस्वरूप कविता-पंक्तियाँ उद्धृत की जा सकती हैं, लेकिन यह लोभ कहीं न कहीं रोकना होगा। इसकी भी दो वजहें हैं। आप एक काव्यांश उद्धृत करते हैं तो आपको दूसरा काव्यांश लुभाने लगता है। उद्धृत करते हुए यह एहसास भी होता है कि इसमें कवि का अधूरा मंतव्य सामने आ रहा है, उसकी कविता की जो पूरी डिजाइन है, उससे निकलनेवाला जो समग्र प्रभाव है, वह खंडित हो जा रहा है।

तो कुल मिलाकर इन कविताओं के लिए कोई श्रेणी तय करना मुश्किल है—वे प्रेम कविताएँ हैं, राजनीतिक कविताएँ हैं, स्त्री के दुख की कविताएँ हैं, जीवन की विडम्बनाओं की कविताएँ हैं—वे इतने हिस्सों में बँटी हैं कि किसी एक दायरे में समाने से इनकार करती हैं।

संग्रह में बहुत सारी कविताएँ ऐसी हैं जो अपने बिल्कुल स्वतंत्र पाठ में बेहद मार्मिक और प्रभावशाली हैं। निस्सन्देह ऐसी ज़्यादातर कविताओं का वास्ता स्त्रीत्व, प्रेम और सम्बन्धों की विडम्बना से है। लेकिन बहुत सारी अन्य कविताएँ ऐसी हैं जिन्हें एक साथ पढ़ते हुए—एक संग्रह के हिस्से के तौर पर पढ़ते हुए—कवयित्री के वैचारिक विन्यास को पढ़ना सम्भव हो पाता है। हो सकता है, इनमें से कुछ कविताएँ स्वतंत्र रूप से कुछ कमज़ोर या अधूरी-सी लगें, लेकिन एक संग्रह के हिस्से के तौर पर उनका एक मोल है।

तीसरी बात यह कि श्रुति इस संग्रह में अतिरेक की बहुत सारी सम्भावनाओं को सावधानीपूर्वक छाँटती हैं। बहुत सारे मोहभंग के बीच, प्रेम के नाम पर होनेवाले मिलनेवाले छल और जीवन और समाज में पसरे ऐसे अनन्त उदाहरणों के बावजूद कि विवाह हो या प्रेम, सामाजिक सम्बन्ध हों या कारोबारी—पुरुष वर्चस्व और शोषण के खेल में लगा रहता है—श्रुति किसी पुरुष-द्वेष या निंदा के जाल में नहीं फँसतीं। वे अपने पुरुष मित्रों को याद करती हैं, अनदेखे-अनजाने पुरुषों को भी सम्बोधित करती हैं और बताती हैं कि उनसे भी जीवन में कुछ जुड़ा है।

इस संग्रह के साथ श्रुति समकालीन समय के ऐसे महत्वपूर्ण स्वर के रूप में अपनी उपस्थिति दर्ज कराती हैं जिनकी उपेक्षा करना मौजूदा हिन्दी कविता के परिचय से अपने-आप को कुछ विपन्न करना होगा। ऐसा करना कवि के साथ ही नहीं, अपने साथ भी और इस समय और साहित्य के साथ भी अन्याय होगा जिसकी बहुत मद्धिम धुकधुकी से लेकर दीवार तोड़ती चीख़ तक को श्रुति ने अपनी कविता में समेटा है। संग्रह 'सुख को भी दुख होता है' के लिए श्रुति कुशवाहा को बधाई।

—प्रियदर्शन

कविता

मेरी भाषा की शुरुआती कविता उन घुँघरुओं ने सुनाई
रोती बच्ची को बहलाने जिन्हें खनकाया गया था
एक लम्बी कविता उस झूले ने रची
जिसकी गोद में कुछ बरस बिताए

मेरी भाषा की बेहद सुन्दर कविताएँ
मिट्ठू, ख़रगोश और बिल्लियों ने सुनाईं
जो शब्दों से पहले मेरे साथी बने
मेरी भाषा समझकर एक पौधे ने हुँकारा भरा
और एक फूल मेरी ओर बढ़ा दिया

र से रंग पढ़ने से पहले
प से पीला जानने से पहले
मैंने आम के चित्र में रंग भरा
रंगों ने मुझे कविता का सौन्दर्य दिया

अक्षरज्ञान से पहले मैंने माँ की ख़ुशबू पहचानी
और पिता की गोद में सुनी
संसार की सबसे सुन्दर प्रेम-कविताएँ
मेरी तुतलाहट के प्रत्युत्तर में उनकी मुस्कान
आज भी मेरी भाषा की सबसे विश्वसनीय कविताएँ हैं

मेरी भाषा का पहला कवि
एक पेड़ है
जिसने बताया
आसमान की ओर देखते हुए
जड़ों को याद रखना ज़रूरी है

मैंने पत्थर से सीखीं पानी की कविताएँ

प्रेमपत्र

मेरे जन्म का महीना फ़रवरी था
पसन्द का मौसम उदासी
मेरी आँखें कत्थई नींद सुनहरी
सपनों का रंग साँवला था

मेरी आकांक्षाओं की धुरी पर घूम रही थी पृथ्वी
मेरी कामनाओं से पकता महुआ
मेरी तर्जनी के इशारे पर चला सूरज
उँगलियों के पोरों से जन्मीं तितलियाँ
मेरी ही देह से उपजे सारे स्वाद

पंछी मेरे ही भरोसे की उड़ान भरते रहे
फूल मेरे मन से चुराते रहे रंग
मुझे प्यास लगती तो मेह बरसता
मैं हँसती तो संगीत फूटता
मेरे लिए पेड़ों ने भोजन पकाया
कभी कोई गौरैया बालों में लगा जाती गुलदाउदी

मैं प्रेम में थी और
समूची सृष्टि मेरा प्रेमपत्र बन गई

एक दिन

एक दिन
आसमान से फूल बरसेंगे
और धरती पर गिरने की बजाय
तुम्हारी झोली में समा जाएँगे
तुम्हारी झोली
जो पहले ही भरी होगी
अनाज और उम्मीद से

एक दिन
सारे धर्मगुरु
धर्मस्थलों के अहाते में चलाएँगे स्कूल
जहाँ बच्चे सिखाएँगे सही तरह बड़ा होना
एक दिन
सारे बच्चे
समाज की साझा ज़िम्मेदारी होंगे
सभी अनाथालय गिरा दिए जाएँगे

एक दिन
रात बन्द ताले-सी न होगी स्त्री के लिए
उसी के पास होगी उसकी सारी चाबियाँ

एक दिन
ख़ामोशियों से पनपे सन्नाटे नहीं होंगे

चुप्पी से उपजे वीराने नहीं
बौने नहीं पैदा होंगे सपने
वक्र नहीं होंगी मुस्कानें
तिर्यक नहीं होगी दृष्टि
सब होगा सही अनुपात में

एक दिन हम मनुष्य होना सीख जाएँगे

सुख को भी दुख होता है

मैं सुख की कविता लिखना चाहती थी

सबसे पहले नींद की गोली खाई
फिर सारे रंग सारी ख़ुशबुएँ समेटीं
रेगुलेटर से मौसमों को सँवारा
हल्की बारिश की, रूमानी अँधेरा
लैवेंडर परफ़्यूम छिड़का
सारेगामा पर कुमार गंधर्व गा उठे
"साँवरे आई जइयो, जमुना किनारे मेरो गाँव"
और मैं जमुना खींच लाई अपने घर के आगे

ख़ूब सारे पेड़ ख़ूब पंछी
रंग-बिरंगी तितलियाँ
कुछ फूल पर कुछ कलाई पर
फिर उठा लिये सबसे प्रेम वाले दिन
दो चाय के प्याले और हज़ारों बातें
कई किलोमीटर लम्बी ख़ामोशी
मान मनुहार ताने उलाहने

बच्चों की खिलखिलाहटें सुन
कविता और सुख से भर गई

सब सुख में पगा था
सब सुख में डूबा
मैंने इस सुख को मोड़कर सहेज लिया
कि अचानक सुख ने उचककर बाहर झाँका
फिर जाने क्या हुआ
सुख फफककर रो पड़ा
मैंने बहुत कोशिश की
लेकिन सुख तब से लगातार रो रहा है

मैं एक बात जान पाई हूँ
सुख को भी दुख होता है

श्राप

किसी-किसी पर अपनी ही आग में जलने का श्राप होता है

ये बारिश में जलते हैं
भीषण जाड़े में
नौतपे की आग से लोहा लेती है इनकी आग
ये जलना यूँ जलना नहीं कि मुक्त हों
बस सुलगते रहना है निरन्तर
इनकी ही आँच में सिंकता रहता है इनका मन
मुक्तिबोध कहते हैं
"कभी-कभी ऐसा भी होता है,
मन अपने को भूनकर खाता है"
ये नरीमन पॉइंट पर समन्दर किनारे पीठ कर बैठने वाले लोग हैं
इन्हें डर है इनकी आग से जल न जाए समन्दर

इनकी आग के लिए कोई कारण नहीं
इनकी आग के लिए सब कारण है
कभी थोड़ा-सा प्रेम मिल जाए तो दहक उठते हैं
विछोह में धुँधुआते रहते हैं सिगड़ी की तरह
ये फूल से चोट लगने
पानी से प्यासे रहने
और आग में पनाह पानेवाले लोग हैं
सुख सबसे बड़ा ईंधन है
ये क्षण-भर में जला डालते हैं सुख को

इनकी आग इन्हें रौशन करती है
कभी-कभी कर देती है घुप्प अँधेरा
और जो मद्धम हो जाए तो ये ख़ुद
अपनी आग को हवा दे देते हैं
आग से दोस्ती ख़तरनाक होती है
इनकी उँगलियों पर अक्सर मिलेंगे छाले
इन्हें पता है आग की जलन क्या होती है
ये अपने घर आने वाले को सबसे पहले देते हैं पानी

कुछ लोगों पर श्राप होता है कि वो जीवन-भर
एक ऐसी आग में जलते रहें
जिसे कभी नींद नहीं आती
जिस पर कभी छींटे नहीं पड़ते
जो होती है पर दिखती नहीं
ये आग में जलनेवाले लोग
पानी में गलनेवाले लोग हैं

इनका ख़ुद से बैर है आग-पानी की तरह

छूटना

कुछ न कुछ छूट जाता है हमेशा

प्याली में घूँट-भर चाय
तश्तरी में थोड़ी तहज़ीब
कितना भी पकड़ो कोई लम्हा छूट ही जाता है
छूट जाती है मेरे मन में याद तुम्हारी

बिल्कुल जैसे तुम्हारा चश्मा छूटता है
मुझसे अक्सर छूट जाता है मेरा मन
जाने कहाँ बिसराकर
खोजती फिरती हूँ दूसरों के मन में
अक्सर सुबह झाड़ू लगाती सरोज
घर बुहारकर उठा लाती है कहीं से
देती है ताना
'दीदी आप भी जाने कहाँ छोड़ आती हो
अभी कचरे में जाता तो मन बिना कैसे रहती'
मैंने उसे कभी नहीं कहा
दुनिया मन से कहाँ जी पाती है
जीने के लिए मन छोड़ना ही पड़ता है

छूटने के क्रम में
छूट जाती हैं उम्र की समझदारियाँ
उम्र के निशान रह जाते हैं

हमारी कमियाँ नहीं छूटतीं
छूट जाती हैं बेहतरी की संभावनाएँ
मैल रह जाता है छूट जाती है सफ़ेदी
मैं ख़ुद को क़ैद कर लेती हूँ किसी विचारधारा में
और रौशनी की हर गुंजाइश छूट जाती है
तुम्हें बुरा ख़ुद को अच्छा साबित करने में
ज़िद रह जाती है प्रेम छूट जाता है

हमारे इंसान होने में कुछ न कुछ छूट जाता है हमेशा
मेरे कान जब नाम में सुनते हैं मज़हब
आँखें आदमी में टटोलती हैं कुर्सी
लालबत्ती पर कुछ हाथ फैलाए बच्चे
जब मैं फेरती हूँ अपना चेहरा
ठीक-ठीक मनुष्य होने में बहुत कसर छूट जाती है
उसी वक़्त छूटती है ख़ुद से नज़रें मिलाने की ताक़त

छूटना अगर कोई नियम है तो
मैं चाहती हूँ मुझसे ये नियम छूट जाए

नींद

जीवन के आरम्भ से शुरू हो जाता है मृत्यु का अभ्यास

नींद से बड़ा नशा क्या होगा भला
या इसे दवा भी कह सकते हैं
हम ठीक से सो पाएँ बस इसीलिए ढल जाता है सूरज
रात और नींद का अटूट नाता है
दोनों एक दूसरे का हाथ थामे चलते हैं
हालाँकि कई बार कुछ लोग इतना सोते हैं कि
अँधेरा कुछ ज़्यादा ही गहरा जाता है
लेकिन इस बात का नींद से कोई सीधा सम्बन्ध नहीं है

नींद इतनी ज़रूरी है कि
इसके लिए ईजाद हुई दवा
ग्यारह दिन न सोएँ तो हो सकती है मौत
यहाँ आप 'दिन' को रात समझिएगा
बिलकुल उसी तरह
जैसे कई लोग सरकार को राष्ट्र समझते हैं

हाँ तो मैं बता रही थी...नींद कितनी ज़रूरी है

ठीक-ठीक जागने के लिए अच्छे से सोना ज़रूरी है
लेकिन कई बार सोने के बाद फिर सोने का मन करता है
ये उसी तरह का भटकाव है

जैसे ये कविता भटक रही है
नींद की बात करते अंधकार और सरकार तक जा पहुँची
कि सरकार अब नींद को लेकर काफ़ी सजग है
वो सुनिश्चित करती है कि सोई रहे जनता
सोए हुए लोग ख़तरा नहीं होते
इसीलिए जगह-जगह खोल दिए हैं लोरी-सेंटर

तो बात नींद की हो रही थी
नींद जैसे एक जंगल है
जहाँ हर रात लगता है फेरा
या कोई धुन
या जादू जो हर रात जागता है
नींद जैसे कोई प्रियतमा

जम्हाई नींद का प्रेम पत्र है

जाना

मैं उन भयावह क्षणों की साक्षी हूँ
जब केदारनाथ सिंह कहते हैं
जाना हिंदी की सबसे ख़ौफ़नाक क्रिया है

मैंने जाते हुए देखा है उस सदी को
जिसमें उन्नीस सौ इस्तेमाल होता था
उस सदी में जन्मी
मृत्यु के लिए किया अगली सदी का वरण
जाना किसी का भी ख़तरनाक होता है
फिर वो संसार से जाए या जीवन से

जो जाकर नहीं लौटते
उनका जाना अवश तरीक़े से ठहर जाता है
आप असह्य विगत में टँगे होते हैं
और जानेवाला आपको कभी नहीं छोड़ता

विगत दरअसल एक भ्रामक स्थिति है
उसके वास्तविक होने के लिए
जाना ज़रूरी है स्मृतियों से
लेकिन स्मृतियाँ कहाँ जाती हैं
और इस तरह जाना कभी नहीं होता पूर्ण
यूँ जाने और न जाने के बीच
तमाम जीवन उलझा रहता है

हाँ...जाना हिन्दी की सबसे ख़ौफ़नाक क्रिया है
जीवन का सबसे दारुण अनुभव
मुझे चुनना हो तो
मैं इस क्रिया की साक्षी नहीं
कर्ता बनना चाहूँगी

जाने का साक्षी होना जीवन की सबसे ख़ौफ़नाक घटना है

ज़िम्मेदारी

मैं लिखती तो हूँ सूरज
लेकिन इस लिखने में उजास और ताप नहीं ला पाती

लिखती हूँ रात
लेकिन नीरवता नहीं आती

फूल लिखने पर भी नदारद रहती है ख़ुशबू
रंग लिखने पर भी कोरा रहता है काग़ज़

लिखती हूँ आँसू
लेकिन क़लम की कोर नहीं भीगती
नींद लिखने पर भी बोझिल नहीं होतीं पलकें

सपना लिखने पर नहीं होता नशा
नशा लिखने पर नहीं झूमता मन
मन लिखने पर नहीं होता दर्द

मैं लिखती तो हूँ प्रेम
लेकिन प्रेम कहाँ आता है मुड़कर

इतना लिखने पर भी जब कुछ नहीं होता
तो मैं इन्हें एक कविता में पिरो देती हूँ

और अचानक ही
सारे शब्द मुस्कुरा उठते हैं

देखिए...कितनी ज़िम्मेदारी है कविता के कन्धों पर

रामराज

कहानी में जनसेवक नाम का एक राजा था
उसने अपने राज्य में
सारी चीज़ों के नाम बदलवा दिये

अब वहाँ दिन का नाम रात है
कोयले का नाम फूल
चीख़ का नाम संगीत
भूख का नाम रोटी
भय का नाम भक्ति
और तानाशाही का नाम लोकतंत्र

अब उस राज्य में रात को भी सूरज उगता है

दुनिया सुरक्षित है

स्वर्ग से निकाल दिया गया है फ़रिश्तों को
धरती से खदेड़ दी गई हैं औरतें
बम विस्फोट में बचे बच्चे अब बेघर शरणार्थी हैं

सारे पेड़ काग़ज़ों में तब्दील हो चुके हैं
हिरण की खालें जैकेट बन टँगी हैं मॉल में
नदियाँ अपने उद्गम स्थल पर वापस लौट चुकी हैं
सारी ऑक्सीजन सिर्फ़ आग लगाने के काम आ रही है
गूँगे विश्वविद्यालयों में सिखाया जा रहा है संगीत
सबसे बड़े म्यूज़ियम में शीशे के जार में बन्द हैं प्रेम के अवशेष

दुनिया अब पूरी तरह सुरक्षित है

मर्ज़ी

मैं अपनी मर्ज़ी से तन्हा हुई
वो अपनी मर्ज़ी से बेवफ़ा

एक ने अपनी मर्ज़ी से उठाया पत्थर
दूसरे ने मर्ज़ी से लहराई बन्दूक़
इन दिनों मर्ज़ियों का शासन है
मेरा भोजन, मेरे कपड़े
मेरी आस्था पर भारी है उनकी मर्ज़ी

वो अपनी मर्ज़ी से कभी भी
मुझे घुसपैठिया साबित कर सकते हैं
मैं अपनी मर्ज़ी से केवल
उनका समर्थन कर सकती हूँ

यूँ मज़े-मज़े में चल रहा है मर्ज़ी का खेल
सारे नियम उनके सारी चालें उनकी
हम अपनी मर्ज़ी से प्यादे बने हुए हैं
हमने अपनी मर्ज़ी से मुँह सिल रखा है

यक़ीन मानिये
यहाँ कोई ज़ोर-ज़बरदस्ती नहीं
सब अपनी मर्ज़ी के मालिक हैं

एक दिन हम अपनी मर्ज़ी से उनके हाथों मारे जाएँगे

नियम

फिर यूँ हुआ कि सारे नियम पलट गए

अब सबसे भ्रष्ट लोग राजनीति में मिसाल बने
फ़र्ज़ी बाबाओं के मन्दिर बनाए गए
दफ़्तरों में लगी अपराधियों की तस्वीर
जिन्होंने चोरी की उन्हें प्रमोशन मिला
चौराहे पर डाका डालने वालों के बुत लगे
रिश्वत को इज़्ज़त मिली और वेतन अश्लील क़रार हुआ
गालियाँ नारों में बदल गईं

इस व्यवस्था में हथियार खिलौने बन गए
दुष्कर्म में तब्दील हुआ प्रेम
घुट्टी में पिलाई जाने लगी अफ़ीम
चीख़ को अब संगीत का दर्ज़ा मिला
और सबसे ख़तरनाक अपराधियों को राजनीति में संरक्षण

अब स्कूलों में पढ़ाया जाने लगा राष्ट्रीय अपराध पाठ्यक्रम
लड़कियों को छेड़ना नेशनल गेम घोषित हुआ
बच्चों को ख़ूँख़ार डाकुओं की कहानियाँ सुनाई गईं
धर्म बिकने लगा बाज़ार में
किसी की मदद करने पर तय हुआ जुर्माना
प्यासे को पानी पिलाना रेयर ऑफ द रेयरेस्ट क्राइम माना गया

इस नई दुनिया में सब बढ़िया चल रहा था
तभी एक आदमी ईमानदारी के जुर्म में रँगे हाथों पकड़ा गया

भाषा

इन दिनों रास्ता भटक रही है भाषा

अब विरोध कहने पर विद्रोह सुनाई देता है
असहमति कहने पर अराजक
लोकतंत्र कहते ही होने लगती जोड़-तोड़
धर्म कहो सुनाई देता भय
अब तो सफ़ेद भी सफ़ेद नहीं रहा
और लाल भी हो गया नीला
यहाँ तक कि अँधेरे समय को बताया जा रहा है सुनहरा

ऐसे भ्रमित समय में
मैं शब्दों को उनके सही अर्थ में पिरोकर देखना चाहती हूँ
सोचती हूँ शहद लफ़्ज़ उठाकर उड़ेल दूँ शहद की बोतल में
तुम्हारे नमकीन चेहरे पर मल दूँ नमक का नाम
आँसू को चखा दूँ खारा समन्दर
रोशनी को रख दूँ मोमबत्ती की लौ पर

मैं इंसाफ़ बाँट आना चाहती हूँ गली के आख़िरी छोर तक
और बचपन लिखने की बजाय
बिखेर देना चाहती हूँ अख़बार बेचते बच्चों के बीच
सपने टूटने से पहले
सजा देना चाहती हूँ आँखों में

और प्यार को इश्तिहारों से उठा
मन में महफ़ूज़ रखना चाहती हूँ

मैं भटकी हुई भाषा को उसके घर पहुँचाना चाहती हूँ

मख़मली भाषा

कुछ लोगों के पास मख़मल की भाषा थी
उन्होंने थोड़ी खादी मिलाकर इसे राजनीति की भाषा बना दिया

खद्दर की भाषा में बात करते-करते
कुछ लोग कुर्सी की भाषा तक जा पहुँचे
कुछ फिर भी निरे सूत-से कच्चे थे
उनकी भाषा कच्ची भले हो, सच्ची थी
वहीं कुछ बहुत कोशिशों पर भी नायलॉन ही बने रहे

रेशमी भाषा वाली ज़हीन ध्वनियाँ मद्धम होती गईं
जालीदार भाषा वाले अचानक बढ़ गए
ये जल्द आते और बहुत जल्द छन जाते
कुछ ऊनी भी थे जो बीच-बीच में भर जाते ऊष्मा
कुछ भाषाएँ हमेशा टाट की तरह रहीं
उबाऊ लेकिन भरोसेमन्द

भाषाओं की अपनी बुनावट थी अपने रंग
भाषा केवल शब्द अर्थ नहीं
भाषा की त्वचा भी थी
भाषा का व्यापार भी था

ख़बर तो ये भी है कि
भाषा और कपड़ों के विशेषज्ञ एक ही यूनिवर्सिटी में पढ़े थे

अँधेरा

अँधेरे के साथ सोना इस तरह जुड़ा रहा
कि रात होते ही माँएँ बच्चों को थपकियाँ देने लगतीं
जबकि अँधेरे समय में सबसे ज़रूरी था जागना

सोकर अँधेरा काट तो सकते हैं
मिटा नहीं सकते
सबसे घने अँधेरे सबसे मीठी नींद लेकर आए
ये रोशनी के ख़िलाफ़ उनकी साज़िश थी
हमने नींद को ढाल बना लिया
अँधेरे को आदत
जागना बनिस्बत चुनौती था
जागने के अपने ख़तरे थे

अँधेरे में जागने वाले अल्पसंख्यकों में गिने गए
सोये हुए समाज ने इन्हें हमेशा सन्देह से देखा

अँधेरे ने नींद का नियम लागू किया था
रोशनी की खोज में जागे लोग अपराधी साबित हुए
अँधेरे समय के दिनों में भी इतना अन्धकार था
कि जागनेवालों को देश-विरोधी घोषित किया गया
सोये हुए लोगों ने मिलकर उनके ख़िलाफ़ वोट किया

कालांतर में सोये हुए लोगों की सरकार बनी

बयान

मुझे पाकिस्तान से नफ़रत नहीं है
मुझे मुसलमानों से नफ़रत नहीं है
हिन्दू होने पर मुझमें किसी तरह का गर्व नहीं जागता
मैं अपने देश से प्रेम करती हूँ लेकिन उतना ही
कि किसी पड़ोसी देश को दुश्मन मानने की बाध्यता न हो

मुझे साम्प्रदायिक विचारों से दिक़्क़त है
इतनी कि कभी-कभी ऐसे लोगों को लेकर मन में हिंसक ख़याल तक आ जाते हैं
फिर मैं उन लोगों और ख़यालों दोनों को दफ़ा कर देती हूँ
एक बार किसी ने मुझे कहा
'शुक्रिया नहीं धन्यवाद कहिए'
मैंने उसे गेट-लॉस्ट कहा

जितनी एलर्जी मुझे हिन्दू मुसलमान करने वालों से है
उतनी ही स्त्रीद्वेषी लोगों से भी
स्त्री को देवी और स्त्री को जूती माननेवाले समान हैं
वो स्त्री से मनुष्य होने का हक़ छीननेवाले डाकू हैं
डाकू कहाँ देखते हैं स्त्री हिंदू है या मुसलमान

मुझे कभी-कभी भगवान पर भरोसा करने को जी चाहता है
अब ये देश भगवान भरोसे ही चल रहा है
सरकार इन दिनों टीवी चलाने में व्यस्त है

समय बहुत कठिन है
आने वाला समय और उन्मादी हो सकता है

ये कविता क़तई नहीं है
इसे मेरा बयान मानिए
मुझ जैसे लोग कभी भी मारे जा सकते हैं

तालियाँ

क्या आप आम खाते हैं
क्या आप बटुआ रखते हैं
क्या आपको गुस्सा आता है
क्या आप रात को सोते हैं
क्या आपको ठंड लगती है
क्या आप बाथरूम जाते हैं

घोर रात में उजाले की कविता लिखी जा रही है
चीख़ के पार्श्व में बज रहा है सितार
निराशा के दौर में सबसे ज़्यादा बिक रहे हैं प्रेमगीत
आत्महत्याओं की ख़बरों के बीच
तानाशाह सुना रहा है जीवन के उपदेश
लोग तालियाँ बजा रहे हैं

रोते बच्चे के मुँह में माँ ने ठूँस दिया है रूमाल
राजा को रोने की आवाज़ पसन्द नहीं

साज़िश

आँख से आँख मिलाकर बात करने के लिए
हिम्मत चाहिए
इसलिए इन दिनों
आँखों में घोंपी जा रही हैं उँगलियाँ

हिम्मत फोड़ने की साज़िश में शामिल
उँगलियाँ नहीं जानतीं
जिस दिन उन्होंने उठने की कोशिश की
उन्हें भी काट दिया जाएगा

विकास

रंग सारे ही जा चुके थे कैनवास छोड़कर
आवाज़ें छोड़ चुकी थीं सच का साथ
सच नंगा था और शर्मिंदा भी
झूठ राष्ट्रगीत बन चुका था

जो ठीक बोल रहे थे उन्हें बाएँ कर दिया गया
दूसरी तरफ़ भीड़ थी और सड़कें घेरकर बैठी थीं गायें
गायों को आवारा लिखने पर मॉब लिंचिंग हो सकती है
इसलिए लिख देती हूँ गौमाता विचरण कर रही थी
हालाँकि वो भी भूखी थी और बेघर
लेकिन उन्हें बताया गया मन्दिर बन गया है
बस इसी भरोसे युवाओं ने दानपेटी में डाल दिया अपना भविष्य
कुछ मुसलमानों ने भी दान वाली पर्ची फ़ेसबुक पर डाली
उन्हें काग़ज़ों में साबित करनी थी देशभक्ति
टीवी पर जारी थे विश्वयुद्ध
पीढ़ियाँ ख़त्म करने के लिए काम पर था आईटी सेल
उन्होंने अचूक ज़हर ईजाद किया जिसकी कोई काट नहीं
दिमाग़ों को लकवा मार चुका था

हिंसक फ़िल्में मनोरंजन कर से मुक्त थीं
सबसे मनोरंजक थी कुर्सी दौड़
हालाँकि नतीजा पहले ही तय था
लेकिन खेल और राजनीति में सब जायज़ है

खेल-खेल में देश आगे बढ़ रहा था
यूँ कहें विकास हो रहा था
हम इतना चले कि ग्लोब से बाहर हो गए
अन्तरिक्ष में गूँज रहा था नमो-नमो

हम सब हवा में उल्टे लटके थे

मौन

आइए दो मिनट का मौन रखें
सड़कों पर निकले लोगों के लिए
ये किसी भी क्षण मारे जा सकते हैं
दो मिनट का मौन
घरों में बन्द लोगों के लिए
ये पहले ही मारे जा चुके हैं

अफ़सोस के साथ दो मिनट का मौन रखें
'जनता का जनता के द्वारा जनता के लिए'
लिंकन की परिभाषा के अर्थच्युत होने पर
एक मौन, जनता की भीड़ में
भीड़ के भेड़ में बदलने पर
बहुत ज़रूरी है दो मिनट का मौन
थालियों की कर्कश अश्लीलता के लिए
दो मिनट का मौन रखिए
कि आप मरने के लिए आज़ाद छोड़ दिए गए हैं

आइये अपने लिए दो मिनट का मौन रखें
कि धारा 144 लागू हो चुकी है
अब कोई किसी के लिए कुछ नहीं कर सकता
सामाज़िक दूरी की अनिवार्यता के बीच
सारे इन्तज़ाम ख़ुद करने होंगे
मृत्यु के भय से जीवन के अतिरेक जुटा चुके हम

एक अन्तिम प्रार्थना कर लें
यूँ लॉकडाउन में सारे धर्मस्थल बन्द रहते हैं
फिर भी दिल बहलाने को ग़ालिब
अपने-अपने ईश्वर को याद कीजिए

दर्ज़ कीजिए इक़बालिया बयान
चाहें तो मेरे साथ दोहराइए
मैं ख़ुद को विनम्र श्रद्धांजलि देती हूँ
इस जीवित शरीर में
मेरी आत्मा कब की मर चुकी है

ईश्वर मेरी आत्मा को शान्ति प्रदान करे

पहलू ख़ान

पहलू ख़ान को किसी ने नहीं मारा
पहलू ख़ान को मारने की ज़रूरत नहीं
वो ख़ुद-बख़ुद मर जाया करते हैं

कभी डर के मारे
कभी अपमान से
अक्सर हवा तेज़ होने पर उखड़ जाती है उनकी साँस
ज़्यादा शुद्ध हवा नहीं कर पाते बर्दाश्त
लगातार तीन दिन दो वक़्त का खाना मिल जाए
तब भी मर सकते हैं पहलू ख़ान
भूख से नहीं पेट भरा होने से मर सकते हैं वो

कभी अचानक चौराहे पर
भीड़ को देख हाँफने लगते
हाँफते-हाँफते भागने लगते
भागते हुए पहलू को देख
अचानक हवा में लहराने लगतीं लाठियाँ
अपने आप ही बरसने लगतीं
इन लाठियों का कोई ईमान नहीं
कोई शक्ल नहीं
ये नफ़रत की लाठियाँ हैं
इन्हें नफ़रत की कुर्सियों का प्रश्रय है

लाठियों से नहीं
नफ़रत से मर जाया करते हैं पहलू ख़ान

पहलू ख़ान की हत्या का इल्ज़ाम किसी के सिर नहीं
हम सबको बाइज़्ज़त बरी किया जाता है

मोनालिसा की मुस्कान

उसकी आँखों में झाँकने के बहाने
जब तुमने वक्ष पर डाली थी चोर नज़र
तब वो मुस्कुराई थी
देह को प्रेम
विवशता को त्याग
हत्या को मुक्ति की परिभाषा में ढलते देख
उभरी थी मुस्कान

तानाशाह ने जब जारी किया
धर्म के आधार पर जीवित बचने का सूचकांक
तब कौंधी वही मुस्कुराहट
जब बेरोज़गारों के हाथों में थमाए जा रहे थे हथियार
किसानों के खेतों पर बनाई जा रही थी सड़क
जंगलों का अधिग्रहण हो रहा था
जानवरों को बन्द किया जा रहा था ज़ू में
ग़रीबों को बताया जा रहा था
ग़रीबी और कुछ नहीं
सिर्फ़ एक मानसिक अवस्था है
राजा के जयकारे लगाने से
इस अवस्था में राहत मिलती है
वो मुस्कुराई

काला धन और काली नीयत
जब दोनों बढ़ रहे थे

सफ़ेदपोश अपराध हो गए वैध
नये क़ानून में ख़ामोश रहने को घोषित किया गया
नागरिक होने का प्राथमिक दायित्व
जिसने भी उठाई आवाज़
वो इस देश का नागरिक नहीं
जो नागरिक नहीं उसकी हत्या जायज़ है
इस सज़ा का नामकरण देशभक्ति है
ये नियमावली पढ़कर भी छलकी उसकी मुस्कान

जब सुख राजप्रासाद की सीमाओं में क़ैद हुआ
कविता ने शुरू की सिंहासन की चिरौरी
संगीत रानियों के मनोरंजन का साधन बना
सितार बजाने लगे राग-दरबारी
जब-जब रानी की ज़िद पर उस्ताद ने
आधी रात को गाया राग भैरव
जब-जब माँ ने रोते हुए बच्चे से कहा
चुप हो जा नहीं तो राजा आ जाएगा
राजाओं के गुलाम जब बन बैठे जनता के मालिक
तब-तब वो मुस्कुराई

इन दिनों यही है
मोनालिसा की मुस्कान का रहस्य

इंटरव्यू

गए साल का जून महीना
कितना अफ़लातून महीना

राजा जी ने सूट सिलाया
सूट सिलाके बूट मँगाया
बूट पहन के लंदन पहुँचे
महारानी से हाथ मिलाया
हाथ मिलाकर हाथ हिलाया
जनता को भी दरस दिखाया

दरस दिखाकर मुस्काए भी
थोड़े-से वो शरमाए भी
शरमाकर फिर सुनी कविता
दो घंटे तक बही सरिता
इन सालों का लेखा-जोखा
लोगों ने टीवी पे देखा
देखके सारे भक्त हर्षाए
लौट के बुद्धू घर को आए

देखो हुआ प्रसून महीना
गए साल का जून महीना

नोटबन्दी

मैं तितलियों का मुरीद था
मेरा रंगों-बू से क़रार था
मेरे हौसले थे हवाओं में
मुझे मछलियों से भी प्यार था
ये हाल ही की तो बात है
कि तभी निज़ाम बदल गया

मेरी ज़िन्दगी में सुकून था
मेरे मुँह में मेरी ज़बान थी
इसी मेज़ पे अख़बार था
यहीं जुगनुओं की दुकान थी
ये हाल ही की तो बात है
कि तभी निज़ाम बदल गया

तेरा हुस्न था मेरा इश्क़ था
दुनिया में बस ये बवाल था
तेरे होंट जैसे गुलाब हों
उन्हें चूमने का ख़याल था
ये हाल ही की तो बात है
कि तभी निज़ाम बदल गया

न तो जाम से कोई ख़ौफ़ था
न चाय में कोई खोट था

मेरी जेब में वो हसीन सा
उफ़्फ़ इक हज़ार का नोट था
ये हाल ही की तो बात है
कि तभी निज़ाम बदल गया

लाल सलामी

यूँ छोड़ दिया सोचना सपनों के महल से
अब सोच रही हूँ कि क्या सोचा करूँ कल से

तू इस क़दर जाहिल रहा उल्फ़त के सफ़र में
बेहतर है कि अब मैं ही काम ले लूँ अक़्ल से

आँखों में अश्क़, दर्द, ख़लिश रोज़ की आहें
बेज़ार हुआ जाता है दिल ऐसे ख़लल से

मैं तेरे हक़ में देती रही लाल सलामी
और तुझको मेरी जान मोहब्बत है कमल से

क्या ख़ूब चल रही थी मेरी नई कविता
फिर तेरे तसव्वुर में उलझ बैठी ग़ज़ल से

ऊलजलूल

मेरा दिल तो इस बात से भी टूट जाता है कि एफएम पर पसन्द का गाना नहीं बजा

ये तो बहुत बड़ी वजह है कि दिल धक धक नहीं लब-डब करता है
धक धक भ्रम है लब-डब सत्य
दिल की हर धड़कन असल में लब-डब की आवाज़ है
अब मैं सारे बॉलीवुड गानों को ख़ुदकुशी करते देख रही हूँ
माधुरी दीक्षित 'लबडब करने लगा' पर मदहोश हो रही है
इधर मेरा दिल ज़ार-ज़ार रो रहा है
दिल के बाद आत्मा ने भी धोखा दिया
बचपन से सुनते आए कि आत्मा की मानना
आत्मा सच बोलती है
उधर अमेरिकी डॉक्टर का शोध कहता है 21 ग्राम की होती है आत्मा
कमबख़्त 21 ग्राम की चीज़ के लिए इतने धतकरम

हमें हमेशा कन्फ़्यूज़ रखा गया
बचपन से सुना सूर्य देवता है, चाँद मामा
फिर स्कूल में सोलर सिस्टम पढ़ाने लगे
एस्ट्रोनॉमी में कुछ रुचि हुई ही थी कि
कविता ने चाँद को प्रियतम बता दिया
अब घोर घालमेल है रिश्तों का
चाँद मामा है या महबूब इसी बात से नैतिकता दाँव पर है

इतने बड़े सवालों के बीच मैं सोचती हूँ
रोटी ही उग आती पेड़ पर तो क्या बुरा था
या फिर बन्दर ही रहता मनुष्य
टीवी से अब कम्प्यूटर भी चला सकते हैं मोबाइल भी
तो टीवी से ही क्यों नहीं चला लेते देश

इन दिनों मेरा दिमाग़ कुछ ख़राब रहने लगा है
जबसे हबीबगंज स्टेशन रानी कमलापति हुआ
मुझे हिस्टीरिया के दौरे पड़ रहे हैं

कभी-कभी सोचती हूँ एक दिन मैं अपना नाम प्रधानमंत्री रख लूँगी

अच्छी बातें

हाँ मुझे अच्छे लगते हो तुम

अच्छा लगता है तुम्हारे संग देर रात सूनी सड़कों पर घूमना
कुछ लोगों को अच्छा लगता है सो जाना
कुछ को फ़िल्म देखना
कुछ को अच्छा लग सकता है देर रात किसी के घर सेंध लगाना
कुछ को वक़्त के इस पहर अकेली लड़की दिख जाए
तो अच्छा लगता है उसे अपनी जागीर समझ लेना

कुछ लोग देर रात की राह भी नहीं देखते
वो उजाले को घोर अँधेरे में तब्दील करना जानते हैं
उन्हें अच्छा लगता है नाम के आधार पर तोहमत लगाना
जात के आधार पर शक करना
काली पन्नी की तहक़ीक़ात कर
चौराहों पर सुना देना फ़ैसले
किसी की निष्ठा पर उठाना सवाल
किसी के पढ़ने पर माँग लेना सफ़ाई
किसी को लिखने पर भेज देना जेल
कुछ लोगों को अच्छा लगता है
सब देखकर आँख कान मूँद लेना
कुछ लोग अच्छे से जानते हैं
कब कहाँ क्या अच्छा लगना ज़रूरी है

आजकल अच्छा लगना संवैधानिक अधिकारों पर भारी हो रहा है
लेकिन हो सकता है ये सब कहना-सुनना आपको अच्छा न लगे
अच्छा लगने की बात करते-करते
अच्छा न लगने तक पहुँच जाना ख़तरनाक साबित हो सकता है

चलो छोड़ो
कुछ अच्छी बातें करते हैं

हारे हुए लोग

हारे हुए लोग आख़िर कहाँ जाते हैं

जो अपने आख़िरी इंटरव्यू में हो गए फ़ेल
जिनकी छुट्टी की अर्ज़ी नामंज़ूर हो गई
जिन्हें एडवांस देने से मना कर देता है बॉस
जो पूरा नहीं कर पाते बच्चों से किया वादा
वो जो मीटिंग में सबसे कोने में बैठते हैं

जिन्हें कभी नहीं मिला प्रमोशन
जिनकी मुट्ठी-भर तनख़्वाह से न ज़रूरतें पूरी होती न इच्छाएँ
वो जो घर में सबसे नाकारा घोषित हो चुके हैं
या वो जिनकी अपने पति से कभी नहीं बनी
जिनकी तुलना होती रही दूसरी स्त्रियों से
वो भी जो अपनी पत्नी को कभी न भाए
जिन्हें अपने ही घर में मिली दुत्कार
पिता के तानों में नालायक कहलाए
बच्चों की नज़रों में नाक़ाबिल
कहाँ जाते हैं प्रेम में छले हुए लोग

जिन्होंने क़र्ज़ लिया और चुका नहीं पाए
सालोंसाल करते रहे एक नौकरी के लिए जद्दोजहद
जिस भी धंधे में हाथ डाला डूब गया
जो पुश्तैनी ज़मीन बिकने का कारण बने

वो जिनके बच्चे दूसरों को तकते रहे हसरत से
जिनकी बीवियों ने दो जोड़ कपड़ों में गुज़ार दी उम्र

परिवार में जिनकी राय कभी नहीं ली गई
जो दिखना ही बन्द हो गए घरवालों को
जिनके हिस्से आए मकान के सबसे अँधेरे कमरे
सबसे ठंडा खाना
जिनके लिए किसी ने नहीं बनाई पसन्द की सब्ज़ी
वो जो देर रात भी घर न आएँ तो किसी को परवाह नहीं
जिन्हें आस-पड़ोस वाले देखते हैं हिक़ारत से

ऐसे लोग जिन्हें दुनियावी तराज़ू पर तौला गया
रुपए-पैसे-पद से हुआ हार-जीत का तक़ाज़ा
जो इस बाज़ार में खोटे सिक्के कहलाए
होकर भी रहे गुमशुदा
जिन्हें किसी ने नहीं तलाशा

ऐसे लोग आख़िर जाते कहाँ हैं
जिनका किसी को इन्तज़ार नहीं

स्त्री धर्म

मेरे पास ढेर किताबें हैं
उनमें से कई पढ़ी भी नहीं अब तक

मेरे आसपास हैं ऐसी तमाम लड़कियाँ
जो अपनी मर्ज़ी से ख़रीद नहीं पातीं किताबें
घरवाले ज़ेवर तो दिला देते हैं, किताबें नहीं

मैंने देखी हैं ऐसी स्त्रियाँ जो रातों से डरती हैं
जिनके साथ हर रात होता है वैवाहिक बलात्कार
मैं ऐसी स्त्रियों को भी जानती हूँ
जो खुलकर करती हैं अपनी यौनिकता पर बात
अपनी कामनाओं को लिखती और जीती भी हैं
जिन्हें रत्ती-भर फ़र्क़ नहीं पड़ता कौन क्या कह रहा है

ऐसी तमाम लड़कियाँ जो बाध्य हैं कहीं न कहीं
और ऐसी भी जो सबको धता बता उड़ रही हैं उन्मुक्त
वो जो हिजाब ओढ़े हैं या सिर पर है लम्बा घूँघट
या जो पहने हैं मिनी स्कर्ट
सीने पर है भारी दुपट्टा
वो जो समन्दर किनारे टू-पीस में कहकहे लगा रही हैं
या सब्ज़ी का थैला भर धीमे क़दमों से लौट रही हैं घर

वो स्त्रियाँ जो साथी कवि के कन्धे पर धौल जमा
कान में फुसफुसाती हैं कुछ

और लगाती हैं ठहाके
वो जो खुलकर करती हैं चुहल
जिनके आने से आती है रौनक़ भी और कुछ चेहरों पर तनाव भी
जिनसे डरते हैं कुछ, कुछ करते हैं ईर्ष्या
वो जो अब पीछे की कुर्सियों पर नहीं बैठतीं
ख़ुद बढ़कर मिलाती हैं हाथ
या वो जिन्हें अब तक मिली ही नहीं कोई कुर्सी
वो जो चाय बनाती हैं
वो जो जाम उठाती हैं

जिनकी चरित्रावली लिखने में मशग़ूल हैं कुछ लोग
वो जो बाख़बर हैं लेकिन बेपरवाह
जिन्हें फ़र्क़ नहीं पड़ता कौन क्या कह रहा है
या फिर वो जो ज़रा-सी आहट पर सहम जाती हैं
कोई कोना मिलते ही रोने लगती हैं बेआवाज़
वो भी जो भरे मंच से लगाती हैं हुंकार
और वो भी जिनके मुँह से आवाज़ तक नहीं निकलती

मैं इन्हीं के बीच हूँ कहीं
और इनके साथ भी
यही मेरा स्त्री धर्म है

हड़ताल

मैं चाहती हूँ
दुनिया की तमाम स्त्रियाँ
एक दिन की हड़ताल पर चली जाएँ

माँएँ छुट्टी लें महानता के पद से
एक दिन रोते बच्चे को पुरुष के ज़िम्मे छोड़
अपनी पसन्द का उपन्यास पढ़ने बैठ जाएँ
चार बार उठे बिना चैन से हो खाना
खाने के बीच साफ़ न करनी पड़े बच्चे की पॉटी
आधी रात बच्चे के रोने से न टूटे नींद
अलसुबह न उठना हो दूध पिलाने
उस एक रात बचपन की सहेली को बुला
ड्राइंग रूम में सोफ़े पर फैल
देर रात तक मारें गप्पें
सारी माँएँ इस दिन बच्ची बन जाएँ

प्रेमिकाएँ सारे चुम्बन स्थगित कर
अपने बाएँ पैर की छिंगली से
प्रेमी के अहंकार को परे झटक
निकल पड़ें लॉन्ग ड्राइव पर
लौटकर बताएँ कि कितना उबाऊ है प्रेमी का लहज़ा
और प्यार का तरीक़ा बोझिल
बताएँ कि वो आज भी हैं प्रेमी से बेहतर

और शहर में अब भी हैं कई ख़ूबसूरत नौजवान
आज भी है बारिश कितनी रोमांचक
आज भी है संगीत कितना मोहक
प्रेम करने के लिए और भी अच्छी चीज़ें हैं दुनिया में

पत्नियों को तो हड़ताल के लिए
इतवार ही चुनना होगा
उस दिन वो सोई रहें देर तक
और उठकर सबसे पहले
घर के सामने लगाएँ अपनी नेमप्लेट
ये उन्हीं का चुना हुआ नाम हो
जिसे पुकारा जाना सबसे मीठा लगे
फिर अपने घर में इत्मीनान से पसर चाय पिएँ
इस वाले इतवार पत्नियाँ पहनें
अपनी पसन्द का रंग
खाएँ अपने स्वाद का खाना
टीवी का रिमोट हो उन्हीं के हाथ
अपनी मर्ज़ी से देखें वो दुनिया

हड़ताल वाले दिन
सारी कामकाजी औरतें
दफ़्तर की लॉबी में बैठ ताश खेलें
ज़ोर-ज़ोर से करें बातें
उनके क़हक़हों से गूँज उठे दफ़्तर
उनकी मौजूदगी से भर जाए हर कोना
उस दिन इन्हीं का क़ब्ज़ा हो
रिसेप्शन, कॉरिडोर, गेस्ट रूम और लिफ़्ट पर
सारे आदमी सीढ़ियों से चढ़ें-उतरें
रोज़ उन्हें घूरनेवाली नज़रें
जो बचकर निकलने की कोशिश में हो
तभी कोई कोकिला गुनगुना उठे
'हम हैं मता-ए-कूचा-ओ-बाज़ार की तरह

उठती है हर निगाह ख़रीदार की तरह'
यूँ शर्म से पानी-पानी आदमी के जूते भीग जाएँ

दुनिया की तमाम बेटियाँ, सहेलियाँ, सहकर्मी, दोस्त
दादी नानी चाची मामी बुआ भाभी
लेस्बियन स्ट्रेट सिंगल कमिटेड
यह वह ऐसी वैसी अच्छी बुरी
संज्ञा सर्वनाम क्रिया विशेषण
जिस दिन ये सब हड़ताल पर जाएँगी
यक़ीन मानिए
उस दिन सारे पुरुष
स्त्री होना सीख जाएँगे

उसी दिन वो पुरुष से मनुष्य में तब्दील होंगे

चुटकुला

औरतों का बोलना हमेशा से चुटकुला रहा है
'दो औरतें ख़ामोश बैठी थीं' इस पर ठठाकर हँस पड़ते हैं आदमी
ये वही आदमी हैं जिनके घरों में औरतें चूँ तक नहीं करतीं
वो इसे बड़े फ़ख़्र से बताते हैं

बुख़ार हरारत में औरत ने कभी नहीं कहा तबीयत ख़राब है
हाथ जल जाने पर भी उसने परोसी गर्म रोटियाँ
कटे छिले हाथों से धोए घर भर के कपड़े
नींद उसने मरने तक मुल्तवी कर दी
बचपन से ही मिली थी नसीहत
लड़कियाँ चपर-चपर नहीं करतीं
औरतों की ज़बान बोलने और स्वाद लेने के लिए नहीं होती
औरतों की ज़बान हामी भरने तक महदूद रही
कभी जो उसने कोशिश की बोलने की
तो ज़बान खींच लेने की धमकी मिली
इस तरह औरतों ने सिल ली अपनी ज़बान

औरतों को चुटकुलों में बेतरह बोलते-हँसते बताया गया
वो करती रहीं ढेर शॉपिंग, उनकी आँखें नहीं नल थे
वार्डरोब भरा होने पर भी उनके पास पहनने को कपड़े नहीं होते
सारे पति अपने घर में भीगी बिल्ली बने रहते हैं
खाने में क्या बनेगा ये औरतों की वैश्विक समस्या है

चुटकुलों में औरतें पतियों को बेलन दिखाती हैं
चुटकुलों में आदमी चुपचाप खा लेता है लौकी-टिंडे की सब्ज़ी

आदमी के लिए औरतों की हँसी और आँसू सनातन चुटकुले हैं
आदमी इन पर पेट पकड़ हँस रहा है
औरतें रो रही हैं चुटकुलों पर

उम्र

उम्र पैना नाख़ून है
ख़ुद को ही चुभ जाते ख़ुद के नाख़ून
उम्र नमक है
ज़रा भी ज़्यादा हो तो बिगड़ जाता सबका ज़ायक़ा
उम्र टूटे छप्पर से टपकती बूँदें हैं
इन्हें लपककर पकड़ लेना चाहती है लड़की

लड़कियों की उम्र नहीं पूछा करते
ये एक वैश्विक चुटकुला है
इस चुटकुले पर ज़ार-ज़ार रो रही है लड़की
भागती हुई उम्र का करती पीछा
कसकर जकड़ लेना चाहती है
इस दुनिया में उम्रदराज़ लड़कियों के लिए
कोई ढंग की नौकरी नहीं
शादी वाले आजीवन जॉब के लिए भी
कम उम्र मिनिमम क्वालिफ़िकेशन है
ख़ुद को स्त्री कहलाने से डरती है लड़की
पड़ोसी बच्चे से हर बार कहती
आंटी नहीं दीदी कहो

'आपकी त्वचा से आपकी उम्र का पता नहीं चलता'
दुनिया-भर के साबुन
लड़की की कमसिनी बेच रहे हैं
लड़की की उम्र पर टिकी हैं

एंटी एजिंग क्रीम की फ़ैक्ट्रियाँ
स्ट्रेच मार्क्स मिटाने वाले लोशन के कारख़ानों में
कभी बिजली गुल नहीं होती
यही लोशन और क्रीम लगाकर
मेनका मेनका है, उर्वशी उर्वशी
स्वर्ग में भी अप्सराएँ उम्र को जीतकर ही बच सकती हैं
सारी परियाँ, अप्सराएँ, हूरें चिरयौवना हैं
ये चिरयौवनाएँ बिगड़ैल देवताओं और
बूढ़े ऋषियों की कामनाएँ मिटा रही हैं
कई बार ये असुरों को जीतने का हथियार भी होती हैं
रात को सोने से पहले फेसपैक लगाना नहीं भूलतीं
अप्सराएँ उम्र बढ़ना अफ़ोर्ड नहीं कर सकती हैं

कुछ अप्सराएँ बॉलीवुड में उतर आई हैं
ये अधेड़ नायकों की पीठ सहला रही हैं
बूढ़े खलनायक को मर्द होने का यक़ीन दिला रही हैं
तीस के बाद ये अप्सराएँ माँ का रोल करने लगती हैं
उसी फ़िल्म में नायक जब गाता है
'न उम्र की सीमा हो न जन्म का हो बन्धन'
तब भी वो षोडशी नायिका की कमर में हाथ डाले होता है

उम्र का पुल पार करने में
स्त्री-देह चुक जाती है
कम उम्र की लड़कियाँ
ज़्यादा उम्र की लड़कियाँ
अधेड़ लड़कियाँ
बूढ़ी लड़कियाँ
सब अपने-अपने कन्धों पर ढो रही हैं
उम्र का प्रेत

उम्र एक बेवफ़ा प्रेमी है
जो लड़की को छलकर भाग चुका है

लड़की

लड़की रस्सी है
पिता को फाँसी के फंदे-सी नज़र आती है

लड़की ज़हर है
माँ रोज़ पीती है कड़वा घूँट

लड़की छुरी है
भाई की उँगली कट जाती है तेज़ धार से

लड़की श्राप है
सर्दियों में आई दादी कोसती है हर साल

लड़की शक है
पड़ोसी की निगाहें टटोलती हैं सुबह-शाम

लड़की नमक है
मोहल्ले के लड़के महसूस करते हैं जीभ पर

लड़की नशा है
सहपाठी की आँखों में उतर आती है खुमारी

लड़की चिड़िया है
बुआ कहती है बहुत उड़ने लगी है आजकल

लड़की सोचती है
किसी दिन वो लड़की होकर देखेगी दुनिया

राई का पहाड़

पहाड़ से जीवन के लिए काफ़ी था राई बराबर प्रेम
राई बराबर प्रेम में थोड़ी कमी रह ही जाती
उतनी कमी भी मंज़ूर नहीं थी मान वाली स्त्री को
एक रोटी कम स्वीकार थी, कौर-भर कम प्रेम नहीं

उसने प्रेम को हृदय में रखा
मान को ललाट पर
स्त्री का हृदय हमेशा घायल रहा
और जीवन-भर दुखता रहा माथा

मानिनी स्त्री को राई-भर प्रेम मिला
उसने राई का पहाड़ बना दिया
पहाड़ों को काटकर निकाली नहर
बंजर में उगाया धान
पत्थरों में फूल खिलाए
प्रेम सबसे सुन्दर फूल था
नेह के बिना पहाड़ तो जी जाते हैं
फूल नहीं

मान वाली स्त्री का मन भी बड़ा होता है
बड़े मन और बड़े मान वाली स्त्री को
भला कब सहेज पायी है दुनिया
इसलिए अब स्त्री ने ख़ुद से प्रेम करना सीख लिया है

स्त्री-विहीन

स्त्री ने आसमान निहारा
समन्दर तलाशा
पर्वत नापे
गुफाएँ खोजीं
जंगल छाने
लेकिन उसके लिए
कहीं कोई जगह नहीं थी

स्त्री ने दफ़्तर, बाज़ार
रेलवे स्टेशन, अस्पताल
नदी, पुल, दुकानें
गौशाला, तबेला
और सारी सड़कें भी देख लीं
लेकिन कहीं भी
कोई जगह न मिली

अपने घर से तो
सदा ही निर्वासित रहीं स्त्रियाँ
किसी भी देश ने
स्त्रियों को कभी
स्थायी निवासी का प्रमाणपत्र नहीं दिया
सभी धर्मस्थलों के मूल में बद्ध था
स्त्री नर्क का द्वार है

थककर स्त्री
अपनी कोख में भी झाँक आयी
लेकिन वहाँ भी वो अवांछित ही थी
आख़िरकार एक दिन
ये धरती स्त्री-विहीन हो गई

अब सब कविताओं में तलाशते हैं स्त्री
स्त्री किताबों में चैन की नींद सो रही है

प्रेमिकाएँ

प्रेमिकाओं का कोई नाम नहीं होता
उनका कोई चेहरा भी नहीं होता

प्रेमिकाओं का नाम ज़ोर से नहीं पुकारा जाता
सार्वजनिक स्थानों पर उन्हें अनदेखा किया जाता है
प्रेमिकाएँ एकान्त की साथी होती हैं
जहाँ फुसफुसाया जाता है उनका नाम
चेहरे को कहा जाता है चाँद

माँ की मृत्यु से टूटा
बहन की रुखाई से परेशान
पत्नी से ऊबा हुआ पुरुष
प्रेमिका की बाँहों में पनाह पाता है
दुखों का अस्थिकलश
प्रेम की गंगा में बहा आने को आतुर
प्रेमी यकायक शिशु बन जाता है
प्रेमिका इस शिशु को मन में धारण करती है
छिपा लेती है अपने आँचल में
प्रेम का ये सबसे पवित्र क्षण होता है
लेकिन ये पवित्र क्षण केवल एकान्त में सम्भव है

मौज में प्रेमी
प्रेमिका को फूल और ख़ुशबू पुकारता है
कहता है तुम तो चालीस में भी उनतीस की लगती हो

उनतीस में मिलती तो हम साथ फ़िल्म देखने चलते
अब तो कोई न कोई टकरा जाएगा थिएटर में
यूँ सबके सामने तमाशा बनाना ठीक नहीं
प्रेमिका अनसुना करती है
प्रेम को तमाशा पुकारना
पूछती है—चाय तो पियोगे न
ख़ूब अदरक डालकर बनाती है चाय
देर तक खौलाती है
चाय नहीं मन
फिर कसैलापन दूर करने
एक चम्मच चीनी ज़्यादा डाल देती है
प्रेमी को उसके हाथ की बनी चाय ख़ूब पसन्द है

प्रेमिका सुख की सबसे आख़िरी हिस्सेदार होती है
दुख की पहली
प्रमोशन मिलने पर पुरुष
सबसे पहले पत्नी को फ़ोन करता है
चैक बाउंस हो जाने पर प्रेमिका को
प्रेमिका पूछती है
कितने पैसों की ज़रूरत है
कहो तो कुछ इन्तज़ाम करूँ
प्रेमी दिल बड़ा कर इनकार करता
नहीं, मैं तो बस बता रहा
तुमसे पैसे कैसे ले सकता हूँ
प्रेमिका को जाने क्यूँ ख़याल आता
पैसे प्रेम से अधिक क़ीमती हैं
वो कहना चाहती है
सुनो, प्रेम दे दिया फिर पैसे क्या चीज़ हैं
लेकिन कहते-कहते रुक जाती
ये फ़िल्मी डायलॉग-सा सुनाई देता
इस उम्र में ये चोंचलेबाज़ी अच्छी नहीं लगती

कभी अचानक मॉल में प्रेमी के टकरा जाने पर
वो देखती है उसकी अनदेखा करने की कोशिश
लेकिन पहचान लेती है प्रेमी की पत्नी
वो जानती है उसे सहकर्मी या पुरानी दोस्त के रूप में
पूछती है—कितने दिन बाद मिलीं आप
कैसी हैं, क्या कर रही हैं आजकल
प्रेमिका बिल्कुल नज़रअन्दाज़ करती है प्रेमी को
उसकी पत्नी का हाथ पकड़ करती है कुछ बातें
फिर जल्दी का बहाना बना निकल जाती है बाहर
अगले दिन प्रेमी बताता है
पत्नी कह रही थी
'आजकल उसके रंग-ढंग बड़े बदले से हैं'
छेड़ में कहता है
मेरे प्रेम ने तुम्हें रंगीन बना दिया
प्रेमिका नहीं बताती
कल लौटते में उसने फिर रुलाई पर काबू किया
बस निकाल लाती है
प्रेमी के फ़ेवरेट कलर की टीशर्ट
जो कल ख़रीदी थी मॉल से

निकलते-निकलते प्रेमी कहता है
सुनो घर जा रहा हूँ
अब मैसेज मत करना
फ़ोन बच्चों के हाथ में होता है अक्सर
जाते हुए प्रेमी का माथा चूमने को उद्यत प्रेमिका
पीछे खींच लेती है क़दम
कार में बैठते ही प्रेमी भेजता है एक कोमल सन्देश
फिर कोई जवाब न पाकर सोचता है
अजीब होती हैं ये प्रेमिकाएँ भी

सच...कितनी अजीब होती हैं प्रेमिकाएँ

चुप्पी

शादी की रस्मों के बीच
माता पूजन के बाद खिलाया था मीठा पान
पान का बीड़ा मुँह में रखते
ताईजी ने दिया उलाहना
'लाड़ी का मुंडा मऽ रिवाज को पान खवाड़ी न
सदा क लेणऽ ढक्कण लगाओ'

मैके जाने की इच्छा जताते ही
पति ने कहा 'मम्मी से पूछ लो एक बार'
अपने ही घर जाने के लिए
अब लेनी होगी इजाज़त
बोल ही उठी थी कि
होंठों पर होंठ रख बन्द कर दिया मुँह
आवाज़ भीतर ही घुट गई

आठ मार्च को न्यूज़रूम मीटिंग में
दिखाई थी एसिड विक्टिम की स्टोरी
डपटते हुए बॉस ने कहा
आज के दिन फ़ील गुड कराना है
हर बात पर क्यों ओवर रिएक्ट करती हो

ससुराल से पिटकर आई सहेली को
बता रही थी क़ानूनी नियम

तभी उसकी माँ ने आँख दिखा दी
तुम्हारी कविताओं से जीवन नहीं चलता
घर चलाने के लिए मुँह बन्द रखना पड़ता है

मुँह बन्द रखने की नसीहत क़दम-क़दम पर मिली
मेरी क़लम को मुँह बन्द रखना आया ही नहीं

इच्छा

औघड़ के सामने नन्दी के कान में फूँकी थी इच्छा

अन्तरिक्ष से छिड़क दी पृथ्वी पर
खेतों में बो दी थी
नदी में घोल गटक गई एक घूँट में
और तुम्हारे होंठों पर रख दी बूँद
मैंने इच्छा को एक मंत्र की तरह जपा
फिर हिमालय के नीचे तावीज़ दबा दिया

इच्छाओं को दबाना स्त्रियों को ख़ूब आता है

कलंकिनी

मैंने भी चाहा
किसी रोज़ तुम्हारे काँधे पर लिखूँ कविता
बताऊँ तुम्हारे सीने से लग कैसी तो मादक गंध आती है

तुम्हारी आँखों में दिखते हैं दो द्वीप
होंठों पर होंठ रख देने की कामना जाग उठती है
तुम्हारे होने भर से महक जाती हैं साँसें
देखने से दहक उठता है मन

चाहा नई उपमा दूँ स्पर्श को
मस्तक को कहूँ पर्वत
भुजाओं को सर्प
दर्ज करूँ हथेलियों का ताप
स्त्री-देह को सदियों से कविताओं में गढ़
कितने बड़े कवि हुए
कितने महान कवि

मैंने भी स्त्री-कामना को शब्द दिए
तभी एक आलोचक बुदबुदाया
कलंकिनी

कामना

कामना में डूबी स्त्री की आँखें लाल
और होंठ नीले होते हैं

जब तुम इन नीले होंठों को चूमते हो
तो नाभि के पास खिंच जाती हैं दो लकीरें
एक होती है लज्जा की
और एक अधैर्य की
तुम्हारे स्पर्श से उपजी कँपकँपाहट
और श्वास की सीत्कार से
स्त्री एक स्वप्न को जन्म देती है
उस स्वप्न में वो तुम्हारा हाथ पकड़
पानी पर चल रही है नंगे पाँव

सुनो पुरुष
नदी पार करने के बाद
स्त्री के पैरों को भी चूम लेना
ये पैर तुम्हारे पास
सदियों की दूरी नापकर आए हैं

झुमका गिरा रे...

बरेली के बाज़ार में झुमका गिराने वाली
इतनी बावरी है सच

उस रोज़ रूमाल छोड़ आई रक़ीब के पास
सौदा लेने गई तो छुट्टे छोड़ दिए
दर्ज़ी के पास नाप छोड़ा चलो माना
क्या ही ज़रूरी था खिलखिलाहट छोड़ना
चौक में क़ैस के पास छोड़ आई चेहरे का थोड़ा गुलाब
हद्द ये कि एक चाय और सरसरी-सी मुलाक़ात पर
किसी दफ़्तर में छोड़ आई अपना दिल

झुमका गिरा तभी सहेलियों ने समझाया
भाभी ने टोका अम्मा ने तरेरी आँखें
यहाँ तक कि पड़ोसन ने भी कसा तंज
'ये लच्छन अच्छे नहीं
भरे बाज़ार चीज़ लानी होती है कि लुटानी
हर कहीं कुछ न कुछ छोड़ आने वाली कैसे सँभालेगी गिरहस्थी'
लड़कियों को तो सहेजना आना चाहिए
होना चाहिए चम्मचों कटोरियों का हिसाब
आख़िर लड़कियों के पल्लू से ही तो बँधे हैं सब नाते
और ये दीवानी सरेबाज़ार गिरा आती है झुमका
दीवानी लड़कियाँ ख़ानदान के लिए ख़तरा होती हैं

बात भला बरेली तक ही क्या रहती
आग की तरह दिल्ली जा पहुँची ख़बर
बल्लीमारान की किसी गली में शोर उठा फिर सन्नाटा पसर गया
ये झुमके चढ़ावे में गए थे
लड़की के ससुराल होते घर ने लौटा दिया रिश्ता
झुमका खोने वाली क्या ही सँभालेगी भंडार की चाबियाँ
जबसे नाउन सन्देसा लाई घर-भर में मातम है
अम्मा ने सिर पीटा अब्बा खखार रहे बार-बार
छोटा भाई फिर निकला है झुमका खोजने बाज़ार

इधर छत पर बेपरवाह लड़की गुनगुना रही है
'मैंने तुझसे मोहब्बत की है ग़ुलामी नहीं की बलमा'

चाँद के पैर

चाँद
मैं अरसे से तलाश रही हूँ तुम्हारे पैर
एक बार देखना है
जिसका चेहरा चाँद है
उसके पैर क्या होंगे

सदियों से चक्कर काटते
क्या कभी छू जाते होंगे तुम्हारे पैर
पृथ्वी की देह से
क्या कोई स्पर्श का रिश्ता जुड़ता है
धरती और चाँद के बीच
या तुम्हें भी दी है किसी ने नसीहत
रात में पैर मत मारना
नींद में ख़लल पड़ता है
तुम्हें तो रात में चलने की आदत भी है

कल्पना करती हूँ
रोशनी से जगमग होंगे तुम्हारे पैर
या फिर मोर की तरह
अपने रंग से एकदम उलट
इसीलिए छिपा रखे हैं
मगर सुनो

सुन्दरता तो देखने वाली आँखों में होती है
और धरती कितने मोह से देखती है तुम्हें

थोड़ी फटी भी हों एड़ियाँ
या पड़ी हों दरारें
नाख़ून टेढ़े हों
जम गई हो गर्द
या थककर हो गए हों पत्थर
मैं तुम्हारे पैरों को
अपनी गोद में रख
सहलाना चाहती हूँ
तलुवों में तेल लगाना चाहती हूँ
तुम्हारे पैरों को लोरी सुनाना चाहती हूँ

तुम सदियों से चक्कर काट रहे हो
और सिर्फ़ मुँह दिखाकर चले जाते हो
एक बार चलकर आओ मेरे पास

मैं तुम्हारे पाँव पखारना चाहती हूँ मेरे चाँद

बचपन

उन दिनों हमारी सबसे गुलाबी हसरत
पोंड्स पाउडर का टीन वाला डिब्बा था

जब मोहल्ले में सफ़ेद-लाल मारुति दिखती थीं दो-चार
स्कूटर भी बड़े घरों की निशानी हुआ करते
टेलीफ़ोन मिलने में लग जाते तीन-चार साल
रेडियो पर रात नौ बजे आता था हवा-महल
और ब्लैक एंड व्हाइट टीवी पर चिपकाई जाती रंगीन स्क्रीन
उस समय बीएचईएल में सोमवार होता था साप्ताहिक अवकाश
रविवार की छुट्टी करने हमसे स्कूल में भरवाया गया था फ़ॉर्म

जब किसी नेता की मृत्यु पर
तीन दिन का राष्ट्रीय शोक घोषित किया जाता
और टीवी एक मनहूस डिब्बे में बदल जाता
तब कृषि दर्शन की बोरियत मिटाने
हम पोंड्स पाउडर को हथेली से फूँ करके उड़ा देते
अचानक सब महक उठता
कभी-कभी मैं और दीदी
पाउडर को अपनी हथेली पर लेकर
तीन-चार बूँद पानी मिलाते
और हमारी क्रीम तैयार
उस समय घर में कहाँ आती थी क्रीम-व्रीम

कभी-कभी उसी क्रीम से हम
मम्मी की तरह माँग भरने की नक़ल भी करते

उन्हीं दिनों एक शाम
संडे को जब टीवी पर आ रही थी 'पार्टी'
पापा और सारे अंकल इमरजेंसी की बातों में बिज़ी थे
मम्मी किचन में आंटी के साथ चिप्स और फ्रायम्स तल रही थीं
अचानक फ़िल्म में रोहिणी हट्टंगड़ी ने उतार दी अपनी मैक्सी
किसी आदमी से लिपट वो बार-बार कह रही थी
'मैं अब भी सुन्दर हूँ...
...मैं अब भी सुन्दर हूँ'
उस दृश्य में इतना रुदन भरा था
मेरा बालमन दहल गया
ज़्यादा समझ तो नहीं आया
मगर मैं भागकर आईने के सामने गई
और चेहरे पर पोत लिया ढेर सारा पाउडर
थोड़ी देर पहले ही एक आंटी ने मम्मी से कहा था
'आपकी बड़ी वाली तो बहुत सुन्दर है...
लेकिन छोटी का रंग काला है'

वे दिन
जब टीन का एक गोल लम्बा डिब्बा
प्लास्टिक का छोटा-सा ढक्कन
इतनी ख़ुशबू और कोमलता से भरा था
दो चोटी गूँथकर मम्मी जब कभी लगा देती पाउडर
मैं एकदम खिल उठती
फिर किसी किताब में
मख़मली नीले रैपर वाला कैडबरी का विज्ञापन देख
सपनों में खो जाती
उस समय मैं अपने ही सपनों की राजकुमारी थी

पोंड्स ड्रीमफ्लावर टैल्क
सिर्फ़ पाउडर नहीं
सपनों से भरा डिब्बा था
हमारे हिस्से कभी-कभी चुटकी-भर सपने आते
जिन्हें हम अपने गालों पर मल लिया करते

हमारा बचपन ऐसे ही जादुई सपनों का पिटारा था

सलाहियत

अभी तो हमें सीखना था
सड़क पर थूका नहीं जाता
कचरा डिब्बे में ही डाला जाता है
ट्रेन से नहीं चुराई जातीं चादरें
दूसरों के कपड़ों में झाँकने से
अपनी नंगई नहीं छिपती
और प्लेट में भर-भर खाना लेकर छोड़ना तो
गुनाह है इंसानियत के ख़िलाफ़

अभी तो सीखना था कि
सड़क किनारे पेशाब करना
सभ्यता पर पानी फेरना है दरअसल
और गालियों में माँ-बहन
किसी की भी हों
वो गाली लगती ख़ुद ही को है

अभी तो बहुत कुछ सीखना बाक़ी था
लड़कियाँ छेड़ना बहादुरी नहीं
औरत को पीटना मर्दानगी नहीं
गुटखा खाना सेहत के लिए नुक़सानदेह है
खाने से पहले धोना चाहिए हाथ
सीखने को तो ये भी था कि
घर का कचरा सड़क पर डालने से

घर साफ़ नहीं होता
या रात में ज़ोर से नहीं बजाना चाहिए रेडियो

देखो न
कितना कुछ सीखना रह गया बाक़ी
यहाँ तुम
इश्क़ के आदाब
और सियासी सलाहियत की बात करते हो

रोना

जितना ज़रूरी धरती के लिए
जितना ज़रूरी जीवन के लिए
उतना ही ज़रूरी है पानी
आँखों के लिए भी
आँख में पानी रहे तो साफ़ दिखती है दुनिया
पानीदार आँखें सहेजती हैं जीवन की नमी
लेकिन तुम पर तो सदियों से बेपानी रहने का श्राप है

'आदमी रोया नहीं करते'
ये कितना बड़ा षड्यंत्र है
कितनी कठोर सज़ा
कितना भारी बोझ
तुम्हें हमेशा बताया गया
नदी स्त्रीलिंग है
और इस बहाने बना दिया रेगिस्तान
बंजर आँखों के कारण बाँझ रहा मन
बाँझ मन ने तुम्हें पुरुष के सिवा कुछ न होने दिया

क्या ही अच्छा होता कि रो लेते एक बार
देखते कि नदी होना पुरुष होने के विरुद्ध नहीं
रोने से पौरुष नहीं खोता
रोना निर्बल होना नहीं होता
रो लेने से सब ख़ाली हो जाता है

भीतर भरे हो तभी तो बाहर
अधिक जगह घेरते हो
तभी तुमने स्त्री को कम जगह दी
रो लेते तो
भीतर तुम्हारे लिए थोड़ी जगह हो जाती
बाहर स्त्री के लिए

ओ पुरुष
मैं तुमसे बेहद प्रेम करती हूँ
इसलिए चाहती हूँ एक बार रो लो
रो लो ताकि ज़िन्दा होने पर यक़ीन बना रहे

रो लो कि रोने पर सिर्फ़ स्त्रियों का अधिकार नहीं

पुरुष

मैंने देखे हैं नदी-से तरल और आकाश की तरह ऊँचे पुरुष

ऐसे पुरुष जो परिभाषा में नहीं, सही अर्थ में मनुष्य हैं

मेरे हिस्से आए कई पुरुष जिनके सामने मैं खुलकर रो सकती हूँ
ऐसे पुरुष जो ख़ुद रो पड़े किसी स्त्री की पीड़ा देख
प्रेमी से छले जाने पर मैं एक दोस्त के गले लग बेहिसाब रोयी
एक दोस्त जिसके गले लगने के लिए
मुझे नहीं सोचना पड़ता स्त्रीलिंग-पुल्लिंग
एक दूसरे दोस्त के सीने से कभी भी टिक सकती हूँ बेवजह

मैंने देखा है एक लड़का जो हैदराबाद से नागपुर तक
ट्रेन की मिडिल बर्थ पर अपनी प्रेमिका का सिर गोद में रखे रहा
लपलपाते अधेड़ों की भीड़ में
देखे हैं ऐसे बुज़ुर्ग जिन्हें दृष्टि-दोष नहीं हुआ
अब भी साफ़ हैं उनकी नज़रें

सैकड़ों आदमियों से भरोसा उठने के बाद
कुछ ऐसे लोग जो अब भी यक़ीन बनाए हुए हैं
सात साल पुराने दोस्त ने जब जबरन चूमना चाहा
उसे थप्पड़ मारने के बाद मैं एक दोस्त के साथ अकेले सोई हूँ
लम्बी बेपरवाह बेफ़िक्र नींद

एक अकेले दोस्त के घर अकेली रुकी हूँ तीन दिन
एक पुरुष मित्र जो अक्सर चुहल में कहता
जन्नत में औरतों को हूर नहीं मिलते
यहीं कर लो सारी मौज
एक नए दोस्त से लगातार दस घंटे की है फ़ोन पर बात
एक शख़्स जिसके साथ घंटों बीत जाते हैं बातों में
जो मेरे काउंसलर भी हैं दोस्त भी
मैं एक फ़ेमिनिस्ट स्त्री हूँ
और मैंने देखे हैं मुझसे बेहतर स्त्रीवादी पुरुष

मैं ऐसी स्त्री हूँ जो स्त्री-अधिकार के लिए लड़ती है हमेशा
लेकिन ये पुरुष विरोधी होना नहीं
ठीक वैसे ही, जैसे
पुरुष होना मनुष्य विरोधी होना नहीं है

रोशनी

अँधेरे को मिटाने के कई तरीक़े थे

दियासलाई से निमिष-भर में सब जगमगा जाता
लेकिन आग के अपने ख़तरे थे
आग सँभालना सबके वश में नहीं
रोशनी करते कभी भी जला सकती है आग
कुछ जुगनू भी चमक उठे ख़यालों में
मगर उनको कितना बाँधा जा सकता है
बिजली के लट्टू इशारे भर के मोहताज
कितनी रंगीनियाँ हैं उनकी रोशनी में
अँधेरा जितना घना हुआ
रोशनी उतनी ज़रूरी
उतनी मज़बूत

अन्ततः अँधेरा मिटाने के लिए
मैंने किताबें चुनीं

सुफ़ैद

सुफ़ैद नीरव रात की आँख से टपका आँसू है
रंगों के घने जंगल में
अदृश्य नदी की तरह
भाषा के कोलाहल में
अतल मौन-सा
स्वप्न से अधिक सपनीला
पारदर्शी से ज़्यादा पवित्र

सुफ़ैद चाँद है जिसे सोन मछरी निगल गई है
समन्दर स्तब्ध है
आकाश अवाक्
पृथ्वी घूमते-घूमते थम गई है
सोन मछरी ने मूँद ली हैं आँखें
उसके गर्भ में मोतियों की लड़ें हैं
अजन्मे चाँद को पिरोती हुईं

सुफ़ैद बेवजह फिंका हुआ नमक है
अब इसे उठाना होगा
आँख की पुतलियों से
नानी ने टोका था कभी
नमक ज़ाया नहीं करते
नमक का नाम भले स्वाद हो
नमक की क़ीमत सज़ा है

सुफ़ैद वो कफ़न है मैं जिसमें लिपटी हुई हूँ
ये कभी प्रेम-सा रंगीन था
हर रंग एक दिन सुफ़ैद हो जाना है
ये सबसे सुन्दर श्रृंगार है
सबसे मोहक आरज़ू
इसकी गोद में ठंडक है
मैं आजीवन जलती रही हूँ

ख़ुद को खोकर सब पा जाना है सुफ़ैद
तुम इसे अब तक महज़ रंग समझते थे!

पंचतत्त्व

मैंने तुम्हें देखा

आकाश-सी विस्तृत हो गईं कल्पनाएँ
पृथ्वी-सा उर्वर हो गया मन
सारा जल उतर आया आँखों में
अग्नि दहक उठी कामना की
विचारों को मिल गये वायु के पंख

देखो न
कितना अच्छा है देखना तुमको

मृत्यु

किसी को देखने
छूने
चूमने की कामना
जिस दिन ख़त्म हो जाएगी

उस दिन मर जाएँगे हम

चिट्ठी

दुनिया में कितनी स्याही थी
कितने काग़ज़

फिर भी सबसे कम लिखी गईं चिट्ठियाँ

प्रेम-भाषा

मेरे पास वो भाषा नहीं है
जिसमें मैं तुम्हें अलविदा कह सकूँ
तो जब तुम जाओ
जाते-जाते उस भाषा को याद करना
जिसमें मैंने प्रेम कहा था

प्रेम को अलविदा कहना अभी भाषा ने सीखा नहीं

परगामी

रंगों को नहीं पता था कि वो कितने रंगीन हैं
ख़ुशबुएँ नहीं सूँघ सकतीं अपनी ही सुवास
स्वाद हमेशा से दूसरी जिह्वा के लिए था
मनुष्य ख़ुद को देखने के लिए शीशे पर आश्रित

इस संसार में सारे सुख परगामी थे
दुःख संसार का स्थायी भाव था

सारी कविताएँ अधूरी थीं

दुख

दुनिया में पहाड़ जैसे दुख थे
दुनिया में बारिश जैसी कविताएँ थीं

बारिश पड़ने पर पहाड़ जैसे दुख लहलहा जाते

सुख

जिह्वा पर भोजन का ही नहीं भाषा का भी स्वाद चढ़ता है

मिट्टी की देह से झरता है नमक
स्वप्न की आँख से नींद गिरी और चटक गई
अपनी ही काया में केश और नाख़ून रहे अभिशप्त
सबसे भीषण युद्ध घर के भीतर लड़े गए

पेड़ों ने धरती को छोड़ बारिश को लिखे प्रेम-पत्र
सर्वाधिक कोमल स्पर्श को सदैव बन्द मिले द्वार
विरह ने किया सबसे अबोध हृदय का आखेट
प्रेम की राह से सुख हमेशा भटक गया

इस धरती पर तीन प्रमुख योनियाँ हुईं
स्त्री, पुरुष और मनुष्य
मृत्यु के तीन कारण हुए
आयु, रोग और जीवन

तुमने मेरा नाम पुकारा और मेरी हृदयगति थम गई
केवल पीड़ा नहीं, सुख से भी आघात लगता है

प्रेम

देह का नमक भात की गंध में सानकर खाना
आँख मींचकर देखना प्रियतम का स्पर्श
ध्वनि को पोरों से टटोलना
प्रेम में गिरना नहीं..उठना सखी

आकाश के कपास का बिछौना बना
चंद्रधनुष पर चढ़ा लेना कामनाओं की प्रत्यंचा
मनचाहा आखेट करना
किंतु हृदय घायल न छोड़ना
वापसी में व्यथित प्रिय की नाभि पर
छिड़क आना स्मृतियों का अमृत
उसके अपराधों को अपनी नदी में बहा देना

बिछड़ते हुए प्रेमी को वर्षा का आशीष देना सखी

उपकार

ज्यों उसे मालूम न हो प्रेम की पीड़ा

हृदय चीर देने की कला है उसकी मुस्कान
स्पर्श जैसे सर्प-दंश
उतरता ही नहीं विष
वाणी का शहद मदिरा में बदल जाए
और कुछ न सूझे उसके सिवा
ऐसा उन्माद कि नींद भी न आए और स्वप्न भी न टूटे

व्याकुल मन व्यग्र आँखें
जब मिलकर भी ख़त्म न हो प्रतीक्षा
जहाँ मिट जाए दृश्य-अदृश्य का भेद
ऐसा सुख जो चैन न लेने दे
ऐसा मोह जो कर दे अवश
एक जादूगर जो कबूतर बनाकर कर ले क़ैद
और मैं उड़ना भूल जाऊँ
जब प्रेम और वेदना में अन्तर न रहे

सखी...बिछड़कर उसने मुझ पर उपकार किया

इश्क़ मस्ताना

सिचुएशनशिप, गैसलाइटिंग, घोस्टिंग वाले दौर में
हमन हैं इश्क़ मस्ताना

हम अब भी वही हैं गुज़रे ज़माने वाले
इक नज़र पर जाँ लुटाने वाले
इक लम्स पर काँप जाने वाले

उस दफ़्तर उस सड़क के छोर पर
गेंद-सा उछल हाथ में आ जाता है दिल
मैं पहली बॉल पर आउट हो जाती हूँ
गाहे-बगाहे कुछ बेशऊर-सी मुलाक़ातें
कभी ख़त्म ही नहीं होते क़िस्से
कभी घनघोर चुप
लूप में फ़रीदा ख़ानम इसरार कर रही हैं
'आज जाने की ज़िद न करो'
वो उठता है मैं हर शर्म ताक पे रख सीने से लग जाती हूँ
'जान जाती है जब उठ के जाते हो तुम'
वो मेरी पलकें चूम लेता है मैं उसके होंठ
एक नशा-सा तारी रहता है दम-ब-दम

वो अब भी पुकारता है तो बज उठता है वायलिन
उसकी आवाज़ में मेरा नाम जैसे सौंठ के लड्डू
उसके पसीने से भीगे माथे पर फेरती हूँ हथेली

मेरी उँगलियों से बरसने लगता है इत्र
आँखों में झाँकती हूँ
यकायक भूल जाती हूँ भाषा
मैं मौन बीहड़ में भटक रही हूँ
वो फुसफुसाहट की पगडंडी बन जाता है

हँसता है तो जादू-सा हुआ जाता है
देखता है तो सीना चाक कर देता है कमबख़्त
जाता है फिर लौटने का वादा कर

हम गुज़रे ज़माने के लोग हैं
जो एक वादे पे उम्र निसार देते हैं

तोहफ़ा

तोहफ़े सबसे मायूस दिनों में देने चाहिए

लम्बे विरह के बाद माथे पर देना एक बोसा
एक चुप के साथ थाम लेना हाथ
जब वो रूठे तो थोड़ा ज़्यादा ठहरना
झल्लाए तो लगा लेना भींचकर गले

सबसे मुश्किल वक़्त में टालना नहीं मुलाक़ात
सबसे रूखे समय अकेला मत छोड़ना
रो लेने देना काँधे पर सिर रख
उसकी गोद में ख़ुद भी बिखर जाना
कड़वी बात को निगल जाना बुख़ार की गोली समझ
जब कठिन हो तो साथ निभाना

छोड़ना सबसे आसान हो
तब रोक लेना उसे

हिसाब-किताब

लड़का पूरा हिसाबी है!

सारा हिसाब रखता है
आठ हज़ार का आसमान
बारह हज़ार की बारिश
साढ़े छह सौ की एक कप धूप
बारह सौ में हँसी की जलेबी
बहुत भारी थी तकरार
पूरे दो हज़ार की पड़ी
अबोला भी कहाँ अब सस्ता
मुलाक़ात दिनोंदिन हो रही महँगी
और जो आँखों में उतर आते हैं लड्डू
उसके लिए तो ख़र्च दिये कितने बेशक़ीमती पल

लड़की ठहरी किताबी!

हर चीज़ लिख लेती है मन पर
पहली बार तुमने यूँ देखा था
फ़ोन पर छियालीस मिनट की थीं बातें
हाथ पकड़ा तब कैसे धड़का था दिल
तुमसे मिलो तो नीला आसमान हो जाता है गुलाबी
तुम्हारे साथ तो धूप भी अच्छी लगती है

बारिश भी
असल तो तुम ही अच्छे लगते हो

यूँ हिसाब-किताब की
अच्छी गुज़र रही है इन दिनों

चुम्बन

दफ़्तर पहुँचने की आपाधापी में
ट्रैफ़िक जाम की फ़िक्र में
कभी चाय के आख़िरी घूँट की ख़ातिर

कुछ चुम्बन हमेशा अधूरे छूट गए
कुछ चुम्बन सर्द लहज़े की बलि चढ़े
कुछ ठहरी हुई सोच में डूब गए
कुछ सोचे गए सिर्फ़ मन में
एक चुम्बन तो आँखों से गिरा लेकिन होंठों तक नहीं पहुँचा
एक आधी राह से लौट गया

कुछ चुम्बन इन्तज़ार में रहे
कुछ कल के नाम स्थगित हुए
एक नन्हा-सा हवा में उछाला गया
एक ग़लत पते पर पहुँचा
बहुप्रतीक्षित एक चुम्बन बेस्वाद रहा
जो आँसुओं के साथ लिया जाना था
वो चुम्बन बहुत महँगा पड़ा

जिस भाषा में मैं लेना चाहती हूँ
वो चुम्बन अभी बाक़ी है

प्यार

प्यार किस चिड़िया का नाम है

जिसकी आँख पर है अर्जुन का निशाना
या लव बर्ड्स जो सदियों से क़ैद हैं
चिड़िया जो लाती है प्रियतम की पाती
या हिज्र में लगाती है टेर 'लम्बी जुदाई...'

प्यार वो चिड़िया तो नहीं
जिसे फ़िरक़ापरस्ती नहीं आती
कभी मन्दिर पे जा बैठी कभी मस्जिद पे
या वो सोनचिरैया
सुनहरे पंख हैं जिसके दुश्मन
ये वो तो नहीं जो मेरे दिल में भरोसे
और तुम्हारे दिल में मौक़े की तरह फुदकती है

प्यार वो चिड़िया तो नहीं
जो आसमान से चीन्ह लेती है गहरे पानी में शिकार
जिसे आता है आपदा को अवसर बनाना
जो मौसम के हिसाब से सुर-रंग बदलती है
वो जो सोने के पिंजरे में गाती है आज़ादी के गीत
कहीं ये वो तो नहीं
जिसे पता है सारा गुणा-भाग

प्यार वो चिड़िया तो नहीं
जो दूर देश से आती है सर्दियों में
पेड़ उसके इन्तज़ार में हर साल
थोड़ा और बूढ़ा हो जाता है
पेड़ की आदत है पनाह देना
चिड़िया की नए घरौंदे बनाना

प्यार कहीं वो चिड़िया तो नहीं
जो फुर्र से उड़ जाती है दाना चुगते ही
और मेरी हथेली हमेशा ख़ाली रह जाती है

प्रेम से बाहर

प्रेम से बाहर
जब मिलेंगे हम

एक खुला आसमान होगा
ख़ूब ताज़ा हवा
रंग-बिरंगे फूल
और सारे ही बेअसर

तब कोई रंग नहीं होगा मन पर
कोई ख़ुशबू नहीं महकेगी हमारे बीच
प्रेम के बाहर जब मिलेंगे हम
पहली मुलाक़ात से भी ज़्यादा अजनबी

'कैसे हैं क्या चल रहा है'
रस्मन सवालों के साथ
सारे विगत पर धूल उड़ाते
आँखों में भर जाएगी गर्द
जहाँ ख़ामोशी भी बात करती थी
वहाँ फ़िज़ूल झड़ेंगे लफ़्ज़
सारी उदासियों की तौहीन करते
बेमतलब ही मुस्कुराएँगे

प्रेम से बाहर
जब मिलेंगे हम
क्या स्मृतियों से भी बाहर होंगे

शोककाल

शोककाल कितना होता है भंते

किसी के आँख से ओझल हो जाने तक
या हृदय से विलुप्त होने जितना
अश्रु के धरती में समाने तक दीर्घ
या कुछ प्रकाश वर्षों सा लघु

ये जीवन से जुड़ा है या जन्मों से आबद्ध
क्या शोक की कोई भाषा होती है
भाषा भूलने पर क्या विलुप्त हो जाता है शोक
अकारण आता है या मुहूर्त देखकर

आनन्द उल्लास की क्षणिकता
और शोक की स्थिरता देख
बहुधा ये प्रश्न आ खड़ा होता है
कहीं ये सृष्टि शोक का उत्सव तो नहीं

मेरे जूड़े में सेवंती के फूल-सा बँधा है शोक
जिसकी पत्तियाँ कभी झरती नहीं

याद

हम यादों से बने लोग हैं
याद वो मिट्ठू है
जो हमारे ही काँधे पर बैठ हमें चोंच मारता है

याद इक नीरव रात की लम्बी सड़क है
जिसके किनारे लगे खम्भों के बल्ब फ़्यूज़ हो गए हैं
महबूब शाइर कहते हैं
"उजाले अपनी यादों के हमारे साथ रहने दो"
मैं शर्मिंदगी से इन अँधेरों को देखती हूँ
यादों के अँधेरे जाने कितने सूरज निगल चुके
अब तक सूर्यग्रहण की ये वजह वैज्ञानिकों ने क्यूँकर नहीं खोजी
बशीर साहब ने फिर ये भी तो कहा है
"कहाँ दिन गुज़ारा कहाँ रात की"

याद मेरे सीने में उट्ठा वो दर्द है
जो बिल्कुल दिल के दौरे सा लगता है
लेकिन एकदम बेनतीजा
डॉक्टर कहते हैं इत्मीनान रखिए
हवा का दौरा था ज़रा टहल के निकल गई
सीने में जो दिल की जगह हवा का दौरा हो
ये बात दिल पे लेने वाली क्यूँ न हो भला

याद वो चाक़ू है
जिससे सेब तो नहीं कटता
उँगली कट जाती है
अक़्ल दाढ़ की तरह
जिससे अक़्ल ठाँय नहीं आती
दर्द भरपूर होता है
याद वो मनीप्लांट है
अरमानों से जिसे चुराकर लगाते हैं
लेकिन एक अदद सिक्का नहीं मिलता
चोरी का पाप और सिर चढ़ जाता है

याद मेरे ही मन की मेरे ख़िलाफ़ साज़िश है
और मैं इस साज़िश में भागीदार हूँ

लौटना

लौट आना वहाँ से
जहाँ से लौटना मुश्किल है

मोड़ के उस मुहाने से
जहाँ चेहरे धुँधला जाएँ
दूरी की उस पगडंडी से
जहाँ आवाज़ खो जाए
दिल के उस हिस्से से
जहाँ कुछ न हो महसूस

लौट आना
कि एक उम्र बाद सबको लौटना ही है
अच्छा है वक़्त रहते लौटना
देर से आना दुरुस्त हो ज़रूरी नहीं
देर होने पर अँधेरा घिरने का भय रहता
अँधेरे में राह भूलने का ख़तरा
ग़लत पते पर पहुँचने से पहले लौट आना

लौट आना
कि लौटना हमेशा पहला विकल्प होता है
बाक़ी विकल्प मिलने के बाद
पहला अक्सर छूट जाता
पहला विकल्प जैसे पहला प्यार

जो आख़िर में सालता है सबसे ज़्यादा
उस अन्तिम से पहले लौट आना

लौट आना इससे पहले कि
लिखा मिले
आगे जाने के सभी रास्ते बन्द हैं
यहाँ प्रवेश निषेध है
ये सड़क कहीं नहीं पहुँचाती
सड़कें जब पहुँचाना बन्द कर दें
उस राह से पहले लौट आना

लौट आना
इससे पहले कि मैं कहूँ
अब तुम्हारे लौटने न लौटने से कोई फ़र्क़ नहीं पड़ता

यूँ होता होगा!

नदी को प्यास लगती होगी क्या
सूरज को गर्मी

पर्वत अकड़कर थक जाता होगा क्या
हवा को ज़ुकाम होता होगा
क्या पेड़ ऊबते होंगे कभी हरियाली से
रंग जाना चाहते होंगे जामुनी
सपने नींद से परे खिलना चाहते होंगे
नींद जाग जाना चाहती होगी
चलते-चलते ऊबकर रुक जाता होगा समय
क्या फूलों की ख़ुशबू से होती होगी अनबन

तुम्हें हुआ होगा किसी से प्रेम कभी

खोना

खोना पीड़ा का पर्यायवाची है

मैंने देखा है तीन साल के बच्चे को गेंद खोते
उसके चेहरे पर सारी सृष्टि का दुख था
दुख में निहित है खोने का स्थायी भाव
एक बार मैं खो गई थी तुम्हारी आँखों में
तब से दुख मेरे जीवन में स्थायी है

इन दिनों जैसे खो गया है
धरती का विश्वास मनुष्य से
श्वास का हवा से
स्वप्न का नींद से
खोना प्राप्ति का विपरीत भर नहीं
प्राप्ति के विरुद्ध भी है
ये विरुद्ध है मनुष्यता के
धीरे-धीरे हम खोते जा रहे हैं मनुष्य होना

खोने के तमाम अर्थ समझते हुए भी
मुझे कहना पड़ेगा
तुम मुझे खो चुके हो

उजबक

स्वप्न की आँख में ठहरी थीं कुछ नींदें

नींद जो आँखों से बाहर थीं
और स्वप्न के भीतर
कभी-कभी थक जाती सोने से
थकी नींद जागना चाहती अलस्सुबह तक
नींद को जागती आँखों से देखना था रात का सौन्दर्य
स्वप्न को जागती नींद में पनपने की ख़्वाहिश

इस तरह स्वप्न ने रातों को नई चाह से गढ़ा
ये रातें जो सूरज से भी उजली थीं
मेरी आँखों ने ऐसे भी अनोखे मंज़र देखे हैं
जहाँ नींद और स्वप्न अपनी-अपनी खिड़की से कूद गए
इन्होंने चाँद को फ़ुटबॉल की तरह खेला
रात-भर आसमान से चाँदनी बरसती रही

संसार ऐसी ही उजबक बातों से तो चलता है

ख़ास-ओ-आम

जीवन की ख़ास घटनाएँ सबसे आम पलों में घटती हैं

भीड़ में किसी से एक नज़र टकराती है और हो जाता है प्रेम
इस अद्‌भुत घटना के लिए किसी समारोह की ज़रूरत नहीं
किसी एक घड़ी जब मन हो जाता है उचाट
कोई एक क्षण जब हम महसूसते हैं भूख
बिना भूख के खाए जाना उसके साथ बेवफ़ाई है

जैसे सोने के लिए किसी अलार्म की ज़रूरत नहीं
हर रात अनायास ही आ जाती है नींद
जैसे अनायास हो जाता है कोई हादसा
जैसे तुम टकरा जाते हो किसी मोड़ पर
यकायक ही चली आती है कोई याद
यादों को बुलाने कोई निमंत्रण पत्र नहीं भेजना होता

सहसा किसी रोज़ हमें चाँद ख़ूबसूरत लगता है
सैकड़ों बार सुना गीत सुनकर भर आती है आँख
किसी पुराने दोस्त को यूँ ही मिला लेते हैं फ़ोन
किसी निमिष जब मन तरल हो उठता है
हम दुखों के प्रति भी हो जाते हैं कृतज्ञ
औचक ही कभी सुख से भी तो ऊब जाते हैं

जैसे जन्म लेना एक सोची-समझी वारदात हो
और मृत्यु की कोई सम्भावित तारीख़ नहीं

धूप

सूरज के ताव का एक टुकड़ा थी धूप
धूप जब आँगन में आती
घुन, फफूँद, कीड़े-मकोड़े
डर से बिलबिला जाते
भीगे अलसाए कपड़े तनकर सलामी देने लगते
सोलर कुकर के नसीब खुल जाते

धूप बड़ी मनमौजी थी
पहले वो सरदारजी के घर उतरती
फिर अब्दुल चचा के बरामदे से गुज़र
हमारे आँगन आती
बिन नहाए पानी न पीने वाली दादी ने भी कभी
धूप से छुआछूत नहीं पाली
दादी कहती थी 'धूप में नहाकर सब पवित्तर हो जाते हैं'

तेज़ धूप में पसीना-पसीना
जब भी किसी दुकान की ओट ली
अनजान दुकानदार ने भी पानी ज़रूर पूछा
यूँ धूप का पानी से
काका-बाबा का रिश्ता था
माँ भी कहती
'जित्ता जोर घाम उत्ती तेज बारिश'

बारिश हमेशा लाड़ वाली बेटी रही
बारिश को हर साल ज़्यादा नम्बर मिले
ज़्यादा ही उकेरा गया कविता में
रही-सही कसर प्रेमियों ने पूरी कर दी
यूँ साँवली बेटी-सी उपेक्षित रही
पर धूप ने कभी हार न मानी

धूप अब भी है
लेकिन आँगन सिमट गए हैं
बालकनी से ही धूप का शो दिखता है अब
'ईस्ट फेसिंग फ़्लैट है, धूप ज़्यादा आती है'
ये जुमला प्रॉपर्टी मार्केट की टैगलाइन है
दुनिया में गर्मी बढ़ रही है
साथ ही धूप का व्यापार भी
दपदपाई तमतमाई धूप अब हमारे हिस्से कम ही आती है
डॉक्टर हर तीसरे महीने बता देता है विटामिन-डी की कमी

विटामिन-डी के कैप्सूल निगलते हुए हम धूप पर कविता लिखते हैं

आलू

आलू बिलकुल पुराने प्रेमियों की तरह रहा
जिन्हें कभी भी पुकारा जा सकता है
जिनसे सारे काम बन सकते हैं
जिनके प्रति कोई जवाबदेही नहीं होती
इस तरह के प्रेमियों की मौजूदगी
पतियों को भी सहूलत की तरह लगती रही
जब भी कठिन समय आया
पतियों ने कहा 'आलू बना लो'

वो इतना आम था कि कभी किसी ने उसे फ्रिज में नहीं रखा
इतना वफ़ादार कि बेदर्दी से भी छीला तो झक सफ़ेद निकल आया
आलुओं का कोई सहकारी संगठन नहीं था
उन्होंने कभी नहीं माँगे अपने मौलिक अधिकार
ये भी वजह रही कि उसका कोई साथी स्थायी नहीं टिका
बार-बार उसकी जोड़ियाँ बनती रही
कभी उसका नाम गोभी के साथ जुड़ा कभी मटर के साथ
हाल ये रहा कि मौसमी सब्ज़ियों तक ने उस पर डोरे डाले
मेथी और सेम के नैनमटक्के कम थे कि ब्रॉकली भी आ जुड़ी

यूँ आलू भोला-भाला भले हो, अज्ञानी न था
न जाने क्या करामात थी कि कोई उसके मोह से छूट ही न पाता
उबला तला भुना जो भी हो
आलू को स्वाद के लच्छे में फँसाना ख़ूब आता

आलू ने ख़ुद को आम बनाकर इस तरह सेंध लगाई
उसके बिना अब रसोई सोच भी नहीं सकते
आलू ने सामान्यीकरण को इतना वास्तविक कर दिया
कि उसे नोटिस किये बिना हम उसके आदी होते चले गए
आदी होना एक बात थी लत लगना दीगर बात

क्या आपने कभी ग़ौर फ़रमाया
जाने कितनी पीढ़ियाँ आलू के नशे में गिरफ्तार हैं

बुढ़ापा

हमने ठीक से बूढ़ा होना नहीं सीखा

जवानी के ब्याह को प्रेम समझा
उम्रदराज़ प्रेम को अपराध
जबकि ब्याह और प्रेम को
ठीक-ठीक साधना
इसी उम्र में सम्भव था
जमा करना था बैंक और घर में
जितनी एफडी उतना समय
किसी की बीस साला शिकायतें दूर करनी थीं
किसी की हालिया तल्ख़ी

बच्चों को बताना था
माता-पिता भी सामान्य इनसान होते हैं
ग़लतियाँ उनसे भी हो जाया करती हैं
यही खेलने-खाने की असल उम्र है
लेकिन कुछ परहेज़ के साथ
ये उम्र दिलों से खेलने की नहीं
ज़्यादातर दिल कमज़ोर हो चुके होते हैं
ये आँखें फेरने की नहीं
आँख मिलाने की उम्र है
जो करना है अब करना है

इस उम्र में कल नहीं आता
इस उम्र का कल आशंकाओं से घिरा है

इस उम्र तक समझ जाना चाहिए
बहुत शुचितावादी नहीं हो सकता जीवन
कुछ गोपन इच्छाएँ होती हैं
कुछ ज़ाहिर चूक
इस उम्र तक आते-आते
मैल छँट जाना चाहिए
अविश्वास छूट जाना चाहिए
अपराधबोध धुल जाने चाहिए
ग्लानि घुल जानी चाहिए
बन्धनों की भीड़ में
ख़ुद को मुक्त करते रहना ज़रूरी
बहुत ज़रूरी है प्रेम को
प्रेम से स्वीकारना
स्वीकार सबसे बड़ा मोक्ष है

बुढ़ापे का पहाड़ा शुरू करते ही
बाक़ी सारा गणित भूल जाना चाहिए
हम जो न जी पाए ढंग का बचपन
क़ायदे की जवानी
कम से कम बुढ़ापे तक तो तरतीब से पहुँचे

सीखने को अब भी क्या देर हुई है
आइये एक ख़ुशहाल बुढ़ापा जीना सीखते हैं

सीखना-1

हमें संगीत सीखना था
गुनगुनाना नहीं...सुनना
सुनना सीखने वाली बात है

सुनना पंछियों का कलरव
और नि:शब्द ध्वनि स्पर्श की
सुन लेना शिकायतें
और मौन भी
सुनना कि दूरी कितनी असह्य थी
और लौटना कितना दुष्कर
कभी-कभी सुन लेना दो-चार झिड़कियाँ
हाँ को हाँ सुनना, न को न
कुछ नहीं को बहुत कुछ

सुनना अपने हृदय की धड़कन
और उसके श्वास की गति
इससे मधुर कोई जुगलबन्दी नहीं
उन आँखों की मनुहार
मीठे उलाहने कड़वी झल्लाहट
जब वो नहीं कहे कुछ
तब और ध्यान से सुनना
जब कहे तो थाम लेना हाथ

उसे वैसा सुनना
जैसे वो देखती है तुम्हें
सुनने के बाद फिर देखना सीखना

सीखना-2

देखना सीखना हो तो पृथ्वी से सीखना
कैसी तप्त नज़रों से देखती है बादलों को
कि पिघल जाता है आसमान

जो सीखना हो बरसना
तो बादलों से नहीं
किसी रूठी प्रेमिका से सीखना
उसके आगे पानी भरती हैं सारी बारिशें

उठना सीखना हो
तो दूब से सीखना
ज़मीन से उठते ही
जा बैठती है ईश्वर के माथे

हठ सीखना चाँद से
रोज़ उग आता अँधियारी रातों में
सृष्टि के प्रारम्भ से दे रहा है
अन्धकार को चुनौती

और जो सीखना हो प्रेम
तो प्रेम में टूटे शख़्स से सीखना
वही बता सकता है
प्रेम की सबसे सटीक परिभाषा

उदासी-1

उदासियों ने सबसे रंगीन बारात सजाई थी

उदासियों ने लिखे थे सबसे ख़ूबसूरत नग़मे
'दिन ख़ाली-ख़ाली बर्तन है
और रात है जैसे अन्धा कुआँ'
कुएँ की मुँडेर पर बैठीं उदासियाँ
पानी के अक्स पर बनाती रहीं रँगोली
उदासियों ने वरा था अकेलापन
दोनों ने एक-दूसरे से ख़ूब निभाई

उदास आँखों में सबसे ज़्यादा नशा था
उदास हथेलियों में सबसे अधिक ऊष्मा
छिपन-छिपाई खेलती उदासी
अक्सर मन के भीतर छिप जाती
वहाँ उसे ढूँढ़ना मुश्किल था
छिपी उदासी कोई नहीं देख पाया

उदासियाँ कभी फूट-फूटकर नहीं रोईं
वो बड़ा शातिराना मुस्कुराती थीं
होंठों पे गुलाब आँखों में काजल सजाए
वीरान उदासी बेइन्तिहा ख़ूबसूरत दिखी
ख़ूबसूरती की आड़ में उदासी
ख़ुद को बचाने का हुनर जानती है

ताल्लुक़ निभाना कोई उदासी से सीखे
दुनिया ने जब दिल तोड़ा
उदासी पास आ बैठी
उसने थामा हाथ
उसने दी थपकी
उसी ने सिखाया बेआवाज़ रोना

उदासी मेरे घर का पता है

उदासी-2

उदासियों के लिए एक झूलाघर होना चाहिए
जहाँ झूलते उन्हें शान्त नींद मिले
एक अस्पताल होना चाहिए औचक छलनाओं के लिए
जहाँ भरोसे की कुछ मीठी गोलियाँ मिलती हों

ग्लोबल वार्मिंग के दौर में बढ़ गई है गर्मी
उम्र के साथ ताप सहना हो रहा मुश्किल
शब्दों की जगह इमोजी क़ाबिज़ हैं
भावनाओं की जगह सहूलत
सम्बन्धों के तार-तार होते समय में
ऐसा तार जो सेतु का काम करे
हर तप्त मन के लिए होना चाहिए एक शीत-कक्ष
जहाँ देह के साथ रूह को भी मिले ठंडक

कुछ मन जो हमेशा सुलगते रहे
किसी एक्सरे में नहीं दिखी उनकी आग
कुछ आँखें हमेशा रहीं प्यासी
जो हुए इश्क़ मस्ताना होशियारी से ग़ाफ़िल
ऐसे दीवाने जिनकी दुनिया से कभी नहीं जमी
जिनके लिए बनी ही नहीं कोई और दुनिया
ऐसे फ़क़ीरों के लिए होने चाहिए कुछ उदार दानदाता
जो उनके भिक्षा-पात्र में डाल सकें मुट्ठी-भर संवेदना

हर अभेद्य दुख के लिए होना चाहिए स्मृतिलोप का विकल्प

हैरत

मैं हर सुबह सुनहरी धूप देखकर हैरान होती हूँ

तितलियाँ मेरे पेट में गुदगुदी करती हैं
हैरत में पड़ जाती हूँ झिंगुर की आवाज़ सुन
या उस दोस्त की दरियादिली पर
हर रंग अचम्भे से भर देता है
मेरे बढ़ते नाख़ून और घटता सब्र मुझे हैरान कर जाता है

एक भी रोज़ सूरज देर से नहीं उठता
घड़ी कभी नहीं भूलती सही वक़्त
थोड़ा-सा पानी देने भर से लहलहाने लगते हैं पौधे
सिर पर हाथ फेर दो तो जानवर भी कर बैठते हैं प्रेम

हैरतज़दा हूँ कि अब भी रात में रात ही होती है
बारिश में बारिश
दर्द में दर्द

आसमान का नीला मुझे चकित करता है
ख़ुशबुएँ मन मोह लेती हैं
मेरी हैरानी ख़त्म ही नहीं होती

मैं हैरत में हूँ ये देखकर कि
दुनिया ने हैरान होना छोड़ दिया है

उम्मीद

मैंने थोड़ा अनाज बचा रखा था
कड़े दिनों के लिए
थोड़े पैसे छिपाए किताब में
बुरे वक़्त के लिए
थोड़े से रिश्ते सहेजे थे भविष्य का सोच
थोड़ा नाम कमाया पहचाने जाने को
मैंने उदासियों के मौसम में
उम्मीद के कुछ बीज बोए थे

ज़रूरत पड़ी तो पाया
आधा अनाज चूहे खा गए
पैसों के साथ किताब भी सील गई
रिश्ते सब छूट गए
नाम गुम गया
मैं थोड़ी और उदास हो गई
तभी देखा
उम्मीद की फ़सल लहलहा रही थी

इस उम्मीद ने मुझे हर बार
भूख प्यास और सदमे में मरने से बचाया है

अनभिज्ञता

मुझे नहीं पता चींटियों की प्यास के बारे में
नहीं जानती तितलियों की उड़ान की गति
मुझे कोई अन्दाज़ा नहीं
नदियों का धर्म क्या है
क्या है पहाड़ों का वर्ण

मेरी जानकारी सीमित है
अनभिज्ञता अपार
लेकिन मैंने जानी
भूख और पीड़ा की भाषा
इस भाषा ने मुझे निर्मल बनाया
संवेदना दी

इसी भाषा में मैंने
चींटी, तितली, नदी और पहाड़ों से बात की है

गुमशुदा की तलाश

तलाश है सफ़ेद रंग के कपड़े पहने
गुलाबी आँखों वाली शान्ति की
पिछले कई सालों से वो खोई हुई है
शान्ति अब न मन में पाई जाती है न जीवन में

तलाश है प्रेम की
जो अरसे से गुमशुदा है
उसके तो कपड़ों का रंग भी याद नहीं
सुना ज़रूर है कि प्रेम अब रोज़ रंग बदलने लगा है

तलाश है विश्वास उर्फ़ भरोसे की
जाने कौन इसे मौक़ा देख
बरगलाकर ले गया है
अब तो लोग विश्वास करने से पहले भी धर्म देखते हैं

तलाश है एकता की
सुनते हैं ये हमारी ताक़त हुआ करती थी
तुम्हारे बिना हम बहुत अधूरे हैं
एकता जहाँ कहीं हो लौट आओ

तलाश है सत्य, सद्‌भाव, विवेक, चेतना की
सब के सब बेख़ौफ़ घर वापस आ जाओ
कोई तुम्हें कुछ नहीं कहेगा

हम सब तुम्हारा बेसब्री से इन्तज़ार कर रहे हैं

कैफ़ियत

अजब है कैफ़ियत मन की

बिना बादल बरसता है
बिना बोले गरजता है
कभी तो राख हो जाता
कभी ज्वाला कभी चन्दन
कभी मिट्टी कभी कंचन
कभी बहता है पानी-सा
कभी ये आग हो जाता
न हो तो कुछ नहीं होता
जो हो तो फिर हिमालय हो
कभी कहता नहीं कुछ भी
कभी बेलाग हो जाता

कभी दिखता है सिंदूरी
कभी होता है कस्तूरी
कभी ये मैं भी हो जाता
कभी ये तू भी हो जाता
कभी कुछ यूँ भी हो जाता
कि सब कुछ व्यर्थ-सा लगता
कभी फिर मोह में पड़ता
नया हर अर्थ-सा लगता
कभी हँसता है होंठों-सा

कभी नयनों की जलधारा
कभी संसार को जीता
कभी ख़ुद ही से सब हारा

अजब है कैफ़ियत मन की

जीवन

जीवन की इतनी दुश्वारियों के बीच
कभी ख़याल तक न आया कि साँस भी लेना है
दिल पूरे अनुशासन से धड़कता रहा
भूख कामना प्रेम रति अपनी गति से आए
नाख़ून केश त्वचा ने भी निभाया साथ

जीवन की इतनी अनिश्चितताओं के मध्य
सूर्य समय पर उगा-ढला
बारिश ने कंठ और धरा को नम रखा
कुछ लोग गिरे पैसे लौटा गए
कुछ ने बीमारी में बिना पूछे भिजवा दी दवा
कुछ तो एक हाथ से स्टेयरिंग पकड़ थामे रहे हाथ

जीवन में कुछ भी स्थायी नहीं था
फिर भी कुछ भाव सदैव शाश्वत रहे
हँसी और आँसू की पवित्रता बची रही
ग़लतियों पर होता रहा पश्चाताप
कुछ अपशब्द निकले तो दुआओं ने उन्हें ओढ़ लिया
हृदय ने आँख झुकाकर माँगी क्षमा

जीवन का औदार्य ऐसा कि मैंने मृत्यु को भी प्रियतम-सा चाहा

वादा

मैं तुमसे मिलूँगी
32 दिसम्बर को

उसी दिन करेंगे
सारे हिसाब-किताब
बही-खाते खोलेंगे
निपटाएँगे लेन-देन

32 दिसम्बर को
मैं तुम्हें दूँगी दीर्घ चुम्बन
अपनी बाँहों में भर
सुकून की नींद सुला लूँगी
गहरी शीत में साँसों की गर्माहट से
भर दूँगी तुम्हारे मन में उजास

वादा है 32 दिसम्बर का
इस दुनिया में कहीं भी रहूँ
या रहूँ किसी और दुनिया में
तय है मुलाक़ात
तय है दिन
वक़्त तुम अपनी सहूलत से बता देना

तुम्हें देर से आने की आदत है
इसलिए मैंने देर वाला दिन चुना है
देर वाली तारीख़ पर वक़्त से आ जाना

32 दिसम्बर बार-बार नहीं आता

जादू

मैंने अपनी पीठ नहीं देखी
नहीं देखी माँ की कोख
चेहरे का अक्स ही देखा
फूल देखे जड़ नहीं देखी

आग सुलगाते हुए जैसे जल जाती है तीली
समय बुहारते सफ़ेद हो जाते केश
आग और समय का हवा से कोख का रिश्ता है
हवा ने मुझे जीवन-भर साँसें दीं
मैंने हवा से आग को बुझाया
समय को जलाया
पर हवा को नहीं देखा

कानों सुनी पर भरोसा किया
आँखों देखी पर वारी जान
लेकिन मेरे होने का बड़ा हिस्सा
अदेखा ही रहा
जिसे देखा न सुना
उस तिलिस्म से बुनी हूँ

एक दिन मैं जादू से मिट्टी हो जाऊँगी

प्रार्थना

संसार की नदी में डूबते-उतराते
समझ की इतनी काई लगी
अक्सर ही हाथ से फिसल जाती है सरलता

फिर भी मेरी कोशिश है
दोस्तों से जब मिलूँ
सारी दुनियादारी झटक दूँ
दिमाग़ में गणित की जगह हो संगीत
समझदारियाँ थोड़ी छुट्टी पाएँ
धूप नर्म हो छाँव शीतल

जिन्होंने ज़रा भी नेह दिया
उनके प्रति कृतज्ञ रहूँ
प्रेम का प्रतिदान सम्भव नहीं
लेकिन विनम्र तो हुआ ही जा सकता है
चतुराई कम हो निर्मलता ज़्यादा
जेब में सबसे पहले जाए हाथ

जिन्होंने दुख दिया
उनके लिए अतिरिक्त उदार रहूँ
थोड़ा अधिक सहज
मन की खरोंच भाषा में न झलके

कोई शब्द काँटे-सा न चुभे
वाणी मधुर न हो तो चुप साध लूँ

जो भी मिले सहयात्री
अनुग्रह से भरा रहे हृदय
हर साथ ने समृद्ध ही किया
कोई मीठी स्मृति छोड़ गया
कोई पीड़ा की ज्वाला
उससे मैंने सर्द दिनों में तापे हाथ
हर साथ के लिए आभारी रहे मन

जब भी मिलूँ ख़ुद से
आँखें नीची न हों
दिल पर पहाड़ नहीं जंगल खिले
ग़लतियाँ किससे नहीं होतीं
माफ़ी माँगने का सामर्थ्य बचा रहे
माफ़ कर देने का हुनर भी

रो लेने की क़ाबिलियत ख़त्म न हो